EUROPE CENTRALE, LA MÉLANCOLIE DU RÉEL

Collection CERI/AUTREMENT

Collection dirigée par Christophe Jaffrelot

www.autrement.com

Illustration de couverture : © Donovan Wylie/Magnum Photos

Suivi éditorial : Bertrand Richard

EUROPE CENTRALE, LA MÉLANCOLIE DU RÉEL

Sous la direction de Patrick Michel

Collection CERI/AUTREMENT

Avant-propos
D'UN IMAGINAIRE L'AUTRE
Patrick Michel

> Ce qui nous arrive possède une telle avance sur ce que nous
> pensons, sur nos intentions, que nous ne pouvons jamais le
> rejoindre et jamais connaître sa véritable apparence.
>
> *Rainer Maria Rilke*

L'histoire récente de l'Europe centrale, depuis la fin du communisme, a été pour l'essentiel retracée à partir des catégories d'analyse fournies par une soviétologie qui, son objet n'existant plus, s'est d'abord reconvertie dans la « transitologie » pour se présenter, plus récemment, comme une « consolidologie ». Cette approche s'est, en passant, attachée à répondre aux diverses sollicitations dont elle faisait l'objet en matière de définition des critères proprement gestionnaires nécessaires aux procédures engagées d'intégration, tant à l'OTAN qu'à l'Union européenne. Il s'agissait là de dresser un état des lieux, d'évaluer les capacités d'évolution, de mesurer le poids des héritages, d'orienter les évolutions vers la démocratie et l'économie de marché. Ainsi jugeait-on d'une situation au regard de ce qu'il fallait qu'elle devienne.

L'entrée retenue ici est tout autre. En s'intéressant à l'imaginaire et à ses mobilisations, elle vise à mettre l'accent sur les procédures de désactivation et de réactivation de ressources symboliques, dans le cadre d'une transformation affectant tous les registres de la vie des pays intéressés et exigeant au premier chef une reconfiguration des critères constitutifs de la définition des identités individuelles et collectives. Sont donc concernées, entre autres, les questions liées à la (re)formation d'une image de soi et, logiquement, d'une image de l'autre ; à la relecture du passé communiste et à la réappropriation du passé précommuniste ; aux peurs, fantasmes, espoirs et illusions engendrés par ces processus ; aux représentations diverses qui en découlent, par exemple celles que l'on se forme de l'ami et de l'ennemi.

Ces transformations de l'imaginaire (ou *des* imaginaires : imaginaire de l'Europe, imaginaires de la rupture et de la continuité, imaginaire de la perte) ont une visibilité et donc une lisibilité : renommer des lieux, abattre ou ériger des monuments, voire réenterrer les morts comme en Hongrie, attestent la réalité du changement et permettent de le gérer.

Les pays sur lesquels on se penchera sont la Pologne, la Tchécoslovaquie (puis la République tchèque et la Slovaquie), la Hongrie, la Roumanie et la Bulgarie, soit les pays anciennement membres du COMECON et du pacte de Varsovie (à l'exception de l'ex-RDA, qui participe, depuis la réunification de l'Allemagne, d'une logique autre).

Le propos n'est naturellement pas de rechercher un paradigme susceptible de faire sens pour l'ensemble d'une zone dont on serait d'ailleurs en droit de s'interroger sur l'existence même. Ce qui est supposé fonder cette dernière réside toutefois dans la spécificité des logiques communes auxquelles elle est soumise depuis 1989 (liquidation du communisme, poids de l'héritage, contraintes liées au passage à la démocratie et à l'économie de marché). Même si cette spécificité fait l'objet d'une gestion très différenciée. Parallèlement, la zone, travaillée par des évolutions valant pour l'ensemble de l'Europe, sinon pour l'ensemble des sociétés contemporaines, pourrait bien n'être spécifique que parce que tel ou tel des pays qui en relève peut ressentir le besoin d'en appeler à cette spécificité.

La sortie du communisme (processus aussi long que l'histoire du communisme elle-même) s'est fondamentalement jouée sur le mode de la différenciation. C'est donc sans surprise que celle-ci s'accentue après 1989. Les bouleversements intervenus cette année-là sont simultanément des ruptures, perçues comme telles, et des recompositions de ce qui existait déjà. En fait, depuis longtemps, des transactions avaient été passées au sein des pays appartenant au système soviétique avec le passé national (souvent employé comme espace potentiel de légitimation), avec l'hétérogène (fût-il en dernière instance utilisé comme mode de gestion d'une poursuite de l'homogène), avec le réel, constitué par la « petite résistance de la zone grise », c'est-à-dire de ceux qui, sans approuver le système, n'allaient pas jusqu'à s'opposer.

Ce qui est mis en place après 1989 résulte en conséquence souvent beaucoup plus de recompositions que d'une rupture. Les cas roumain et bulgare en ont offert – on le verra – une illustration confinant parfois à la caricature. Mais on peut le vérifier aussi sur l'exemple polonais, où la sortie de l'ancien régime procède d'un processus négocié, qui fera d'ailleurs office de modèle et qui associe, au moins au départ, élites anciennes et élites issues de l'opposition au système. En Hongrie, les élites, notamment économiques, issues des réformes de l'ère Kádár, ont véhiculé et soutenu, en l'absence d'une opposition sociale aussi massive qu'en Pologne, le passage à la démocratie de 1989.

Le point de départ apparent commun à l'ensemble des pays de la zone, confrontés durant quatre décennies à une pratique de type soviétique, a été appréhendé d'emblée, en 1989, de façon différente. La Pologne, qui pouvait se flatter d'une résistance de masse au régime communiste, n'était guère comparable, par exemple, à la Bulgarie ou à la Roumanie, où l'opposition n'a jamais été qu'un phénomène essentiellement individuel (malgré la mobilisation, en Bulgarie – mais surtout à partir de 1988 –, autour de l'écologie, de la défense des droits de l'homme et de la lutte contre la bulgarisation forcée de la minorité turque décidée par le pouvoir en 1984). De son côté, du fait de la « normalisation[1] » mise en place entre 1969 et 1971, et de sa dureté, la Tchécoslovaquie n'a pas connu avant 1989 cet espace

---

1. C'est-à-dire la remise au pas de la Tchécoslovaquie du « printemps de Prague », après l'intervention des forces du pacte de Varsovie, le 21 août 1968.

de liberté progressive conquise de haute lutte qu'a été Solidarité pour la Pologne. Demeurant une société enfermée et étroitement surveillée, comme la RDA, mais sans cependant bénéficier de la proximité culturelle et linguistique de la « fenêtre ouest-allemande », elle eut à subir une répression plus forte qu'ailleurs, qui pénétra toute la société, allant jusqu'à susciter une honte diffuse chez ceux-là mêmes qui en étaient victimes. Il s'ensuivit, de façon plus marquée chez les Tchèques que chez tous leurs voisins, Slovaques compris, une déconsidération profonde du régime et des idéaux de gauche, au profit d'une « a-idéologisation » de la société, sur fond de chute des valeurs collectives, impliquant jusqu'aux valeurs traditionnelles.

On n'épuise pas, avec ce qui précède, l'inventaire des différences entre ces pays, alors que l'effondrement du communisme les précipite dans une nouvelle étape de leur histoire. La conscience de la signification de l'effondrement du communisme a été diverse et structure de façon très spécifique les comportements après 1989, d'un pays à l'autre et à l'intérieur de chacun d'eux. Par ailleurs, les écarts en termes de superficie et de population, la proximité plus ou moins grande d'un Occident mythifié, mais largement inconnu, les modalités mêmes de sortie du communisme vont peser lourd dans la gestion de l'après-1989. Si la Pologne se refuse à la « décommunisation » (le « gros trait » sur le passé tiré par Mazowiecki), tout en optant pour une « thérapie de choc » sur le plan économique (Balcerowicz), un décalage prévaudra en Tchécoslovaquie entre un discours de rupture et la réalité d'une transition très progressive, que ce décalage soit masqué comme en pays tchèques, ou plus explicite comme en Slovaquie.

Les différences peuvent aller jusqu'à s'exaspérer à l'intérieur d'un même État. Les tensions qui sont nées après 1989 en Tchécoslovaquie, les évolutions et les perceptions propres à Prague et à Bratislava expliquent la scission de 1993. Depuis, les évolutions des deux parties de l'ex-Tchécoslovaquie ont été profondément dissemblables, et ce n'est que dans le cadre européen que la rupture désormais consommée entre les deux États pourra être amortie et déboucher sur le renforcement des liens renoués après la chute de Vladimír Mečiar en 1998.

Le poids de la période communiste, l'ampleur des transformations vécues depuis la fin de celle-ci, la brutalité du passage d'un monde fermé à un monde ouvert, d'une société organisée par la fiction imposée du monisme à une réalité s'articulant autour de l'évidence du pluralisme, ne pouvaient qu'avoir de profonds effets sur les imaginaires à l'œuvre dans des pays qui ne baignent ni dans la modernité heureuse ni cependant dans la certitude du chaos. Et dont certains entrent en 2004 dans l'Union européenne, tandis que d'autres continuent de frapper à sa porte.

Ces imaginaires se sont remodelés et recomposés par référence à certains cadres, dont les plus significatifs paraissent être le rapport au temps et à l'espace, la relation au politique et à l'Europe, l'image de soi et de l'autre. Tout cela redessinant les articulations entre sphère privée et sphère publique.

Temps et espace

L'effondrement du mur de Berlin débouche sur (et atteste) l'entrée dans ce temps mondial de la simultanéité dont parle Marc Augé, ainsi que le passage à un espace global ouvert, tout de circulation fluide. Cette transformation radicale du rapport au temps des sociétés contemporaines, embrayant sur celle du rapport à l'espace (tout changement du rapport au temps valant changement du rapport à l'espace, et inversement, selon la formule de Norbert Elias), est évidemment appréhendée par les sociétés selon des modalités qui leur sont propres, tenant compte de la particularité de leur situation de départ et des ressources qu'elles sont en mesure de mobiliser.

Dans l'Europe centrale postcommuniste, ces transformations opèrent, avec maintes ambiguïtés entre le dit et le non-dit, à l'intersection de trois logiques distinctes, quoique étroitement articulées : réappropriation, relecture et amnésie.

La première vise donc à se réapproprier un temps et un espace dont les sociétés concernées pouvaient avoir le sentiment d'avoir été exclues. Les processions religieuses dont la Slovaquie a été le théâtre après 1989, les ré-enterrements en Hongrie, le fait de débaptiser et rebaptiser, un peu partout, rues et places témoignent, entre autres, d'un effort pour rasseoir, parfois sur le mode de l'exorcisme, une maîtrise sur une territorialité et une temporalité confisquées. Cette reconstruction d'une linéarité mise à mal par la volonté du régime communiste de se fonder sur une rupture légitimatrice participe souvent, en second lieu, d'une relecture du passé conduisant, en ultime analyse, à sa pure invention. Ce qui contraint à une amnésie du passé proche, voire à un oubli du passé tout court. L'ancien opposant polonais Adam Michnik regrettait ainsi amèrement que les Polonais, qui auraient dû ne rien oublier et tout pardonner, se soient empressés de tout oublier sans rien pardonner. Le tout en parallèle, enfin, avec l'instauration d'une société travaillée par sa tension vers un consumérisme immédiat. Tous ingrédients favorisant l'établissement, donc, d'une société sans mémoire.

Ces réorganisations du rapport au temps et à l'espace sont simultanément spécifiques, en ce qu'elles participent de la liquidation d'un imaginaire formé par le communisme, et a-spécifiques, puisque s'inscrivant dans une évolution partagée par l'ensemble des sociétés contemporaines. Mais cette absence de spécificité, cette « normalité » donc, pour ressentie qu'elle puisse être, n'est pas toujours consciente. D'où la tentation, déjà signalée, de faire intervenir le spécifique, en appel, pour trouver sa place, en situation de difficulté, dans le non-spécifique. Un mode de gestion de la frustration d'autant plus efficace qu'il s'adosse à l'idée de la compensation due pour des souffrances indues.

L'ensemble de ce dispositif de redistribution du rapport au temps et à l'espace varie selon les situations. La Tchécoslovaquie, à la différence de la Pologne, de la Hongrie, de la Bulgarie et de la

Roumanie, a connu depuis 1989 une rupture étatique. Le processus y a donc été plus complexe puisqu'il a impliqué la relégitimation, potentiellement antagonique, de deux États.

D'où des différences patentes en matière de reconstruction des imaginaires. Il y a eu, côté slovaque, surcompensation dans la surenchère historique. Les Slovaques se réclament ainsi d'une christianisation cyrillo-méthodienne qui, pour historiquement attestée qu'elle soit, se voit récupérée et amplifiée au point d'être constituée en fête nationale. Dans la même veine, la République slovaque en appelle, dans le préambule de sa Constitution, à la Grande-Moravie du IXᵉ siècle, également vérifiée par les sources, mais abusivement élevée au rang d'ancêtre étatique.

Chez les Tchèques, la référence épisodique aux Celtes, substrat centre-européen, opère à la fois comme support à l'idée d'un « retour à une Europe commune » et comme vecteur du refus de la marginalité est- ou centre-européenne. Les références anciennes sont bien moins fréquentes, et moins utiles, puisque les références étatiques remontent sans conteste au IXᵉ siècle, même si cette étaticité a été contrariée à bien des reprises au cours des époques (rivalités avec les Polonais, les Hongrois, le Saint Empire romain germanique, les Habsbourg, l'Allemagne nazie, les Soviétiques). Aujourd'hui, les menaces étant plus potentielles que réelles, l'imaginaire se restructure autour des interprétations contradictoires de l'histoire.

La relation au temps, indissociable du rapport à l'histoire, apparaît en fait dans l'ensemble de la zone comme largement privée de sens, dans la double acception du terme : signification et orientation.

La disqualification de l'utopie comme mode politique d'articulation des registres du temps, attestée par l'érosion puis l'effondrement du communisme, a débouché – partout – sur la mise en évidence du caractère incertain de l'avenir. Le futur n'étant plus aussi disponible que naguère pour relire le passé et donner sens au présent, la tentation est grande de se tourner vers le passé. Mais celui-ci fait, particulièrement en Europe centrale, l'objet de lectures si différenciées qu'il en devient difficilement utilisable.

Le brouillage du rapport au temps remet en cause la signification de 1989, dont l'un des modes privilégiés d'énonciation était le retour à l'histoire, et l'autre le retour à l'Europe, qui nourrissait un imaginaire d'espérance. Ce brouillage peut être observé tant « par le bas » que « par le haut ».

Il y a, « par le bas », écart entre les lectures linéaires de l'histoire que peuvent proposer les entrepreneurs de la mémoire et des mémoires individuelles différenciées selon les générations, les groupes sociaux, les individus, sur fond de vécus quotidiens désorientés, caractérisés par l'instabilité des repères et la pression du présent.

Cet écart s'explique pour l'essentiel par l'épuisement, au moins partiel, après l'imaginaire moderne-communiste, de l'imaginaire moderne-libéral du temps-progrès. Les évolutions de l'après-89 ont déçu tant les militants des mouvements antitotalitaires des années 1980, qui rêvaient de la mise en place d'une société plus juste, constituée de citoyens actifs, que ceux qui voyaient dans le changement de régime le début d'une « transition » conduisant à se mettre en conformité avec le modèle de prospérité occidental.

Cet épuisement intervient sur fond d'accélération du temps et de diversification sociale du rapport à celui-ci, sensibles dans la vie quotidienne et liées en partie aux modifications des rapports au travail. Même si le nombre de jours fériés a augmenté, pour prendre l'exemple de la Hongrie, avec la suppression du samedi comme jour ouvrable et l'introduction de jours fériés supplémentaires (calendrier religieux ou fêtes nationales), certains groupes sociaux enchaînent plusieurs emplois pour survivre. On change davantage d'emploi, les cadres salariés des multinationales ou les entrepreneurs adoptent des horaires plus flexibles (comparés aux cadres des usines d'État d'autrefois) et leur durée hebdomadaire de travail augmente.

Cette accélération/diversification du temps a sa traduction dans l'espace. Dans toutes les villes et sur toutes les routes d'Europe centrale, les Trabant, Dacia et autres Wartburg ou vieilles Škoda tendent à disparaître au profit des marques occidentales. Pour en rester à l'exemple hongrois, sept autoroutes sillonnent aujourd'hui le pays, contre un seul tronçon à la fin des années 1980. Mais elles sont payantes et inaccessibles pour une partie de la population. Une différenciation régionale accrue distingue Budapest et les départements de l'ouest de la Hongrie de ceux, à taux de chômage et de pauvreté plus importants, du Nord-Est. Enfin des banlieues « chic » sont apparues autour de la capitale, le long du Danube ou sur les hauteurs de Buda, alors que certains arrondissements du centre-ville sont occupés par les « nouveaux pauvres » (Roms). Et de semblables remarques pourraient être faites pour Prague, dont les loyers prohibitifs du centre chassent peu à peu les Tchèques vers la périphérie.

Le temps, de moins en moins vécu comme durée (hier, aujourd'hui, demain), et de plus en plus comme présent étalé où se superposent et se combinent les différents registres, apparaît dominé par l'économisme et le consumérisme. En témoigne le culte dont le « nouveau », essentiellement occidental, fait l'objet dans l'ensemble des pays concernés (succès des supermarchés, des marques occidentales de vêtement et d'alimentation, de la téléphonie mobile, multiplication des chaînes de télévision, diffusion rapide du câble, etc.).

Ce passage au consumérisme roi a pu se faire sur une durée plus longue dans un pays comme la Hongrie, où la période Kádár, celle du « socialisme du goulasch » ou du « socialisme du frigidaire », a entrouvert à partir des années 1970 les portes de l'univers de la consommation, accessible mais moins diversifiée que ce que les touristes magyars découvraient à l'Ouest. Ce fut l'un des éléments du compromis kádárien après 1956 qui nourrit en même temps, en comparaison avec la prospérité occidentale, des frustrations et participa dès lors à la délégitimation des dirigeants communistes. En Roumanie, où la société avait brièvement aperçu cet univers dans les années 1970 avant d'être plongée dans l'extrême pénurie la décennie suivante, ce temps du consumérisme fit brutalement irruption après la chute du régime communiste. Compte tenu de l'état de l'économie nationale en 2003 – malgré trois années de croissance économique au rythme de 4 % par an, le RMI s'établissait encore autour de 70 €, le salaire moyen à 180 €, le niveau de vie ne représentait que 26 à 27 % de la moyenne de l'Union européenne et la Roumanie se trouvait en queue des pays candidats dans le rapport sur le développement humain de l'UNDP (United Nations Development Programme)[2] –, cette entrée brutale dans le temps consumériste s'est accompagnée de l'approfondissement des inégalités sociales, désormais très visibles, nourrissant la montée des frustrations face à l'opulence affichée d'un groupe réduit de « nouveaux riches ». Mais alors qu'avant 1989 la possession d'une machine à écrire était conditionnée par son enregistrement auprès de la police, que les ordinateurs étaient quasi inexistants, en 2003, 32 % de la population urbaine et 11 % de la population rurale étaient familiarisés avec l'ordinateur ; 15 % des Roumains utilisaient quotidiennement l'Internet. Avant 1989, le rapport au temps et à l'espace s'organisait autour d'une polarité fermeture-ouverture : l'obtention d'un passeport pour quitter le pays était très difficile, les images télévisées auxquelles avait accès la majorité de la population étaient essentiellement fournies par les deux heures de programmes quotidiens de la télévision nationale consacrées au culte de la personnalité du chef de l'État, même si les magnétoscopes et les cassettes vidéo commençaient à circuler sur le marché noir. Ce rapport s'établit désormais sur la base de logiques beaucoup plus fluides, circulantes et différenciées[3].

C'est en tout état de cause autour du consumérisme, qui représentait un des éléments constitutifs des attentes de 1989, du rêve d'« Occident », que s'activent des imaginaires rétrospectifs, s'affichent des frustrations et naissent des sentiments de perte par rapport à l'avant-1989 (pouvant aller jusqu'à l'impression diffuse d'« avoir raté quelque chose » avec l'effondrement du communisme : pensons aux cornichons est-allemands de *Good Bye Lenin*).

---

2. La Roumanie y occupait la 72e place, alors que la Bulgarie, qui espère comme la Roumanie rejoindre l'UE à l'horizon 2007, était en 57e position. Voir « Romania falls nine places in UNDP human-development ranking », RFE/RL NEWSLINE, vol. 7, n° 128, partie II, 9 juillet 2003.
3. Sur le consumérisme tchèque, voir l'article de Martin Plichta, « Les Tchèques ignorent la contestation. Les jeunes se sont jetés à fond dans la société de consommation », *Le Monde*, 11 novembre 2001.

La relation « brouillée » au temps s'analyse, en second lieu, « par le haut », à travers l'épuisement, même partiel, de l'usage du passé comme mode de légitimation des forces politiques, ou par des modifications dans les modalités d'usage du passé.

En Pologne, le choix de Kwaśniewski, en 1995 (choix réitéré en 2000), ne résultait ainsi pas d'un vote « à gauche », ni d'une volonté de retour à l'ancien régime, mais bien davantage d'une sanction à l'encontre de l'ex-président, Lech Walesa, et de son argumentation électorale tournant autour du « danger communiste », tout entière empreinte des catégories du passé. Kwaśniewski n'a pas commis l'erreur de Walesa et s'est présenté comme un homme ayant clairement rompu avec le passé, alors que son adversaire, lui, développait une argumentation ou adoptait des attitudes en lien direct avec ce passé. Et peu importait que ce passé puisse apparaître comme glorieux...

On pouvait déplorer l'« amnésie ». Il reste que la société polonaise manifestait une certaine constance. Déjà, en 1993, aux législatives, l'électorat avait sanctionné les formations politiques issues de Solidarité (et d'ailleurs aussi l'Église catholique) et refusé d'entrer dans une logique consistant à réorganiser le paysage autour de la référence à une centralité (les valeurs chrétiennes, une façon particulière de penser et de rendre opérante politiquement l'identité nationale).

En Hongrie, l'exemple le plus éclairant de cet épuisement a été la lutte des partis politiques autour de la commémoration de 1956 et des diverses significations de l'événement, dans un contexte d'indifférence, voire de lassitude manifeste, de la société. Les raisons de celles-ci tiennent certes à la faible lisibilité de ces luttes politico-symboliques, mais aussi à l'ambiguïté entourant 1956, moment certes tragique mais qui a ouvert la voie aux années 1970 et 1980, au kádárisme mou, à une certaine légèreté de vivre, à une modernisation accompagnée d'un repli sur le privé, sur une vie au jour le jour. Tout en constituant une cassure et en fonctionnant sur l'humiliation des individus[4].

---

4. Voir l'expérience de collaboration avec les services secrets du père du romancier hongrois Péter Esterházy narrée par ce dernier dans *Javitott kiadás. Melléklet a Harmonia caelestishez* [Édition revue. Annexe du roman *Harmonia caelestis*], Budapest, Éditions Magvetö, 2002.

En Roumanie, au début des années 1990, l'usage de l'« inimitié historique » entre Hongrois et Roumains nourrissait l'une des lignes de clivage de la scène politique (partis roumains *versus* l'Union démocratique des Magyars de Roumanie), l'autre ligne de clivage étant aussi essentiellement alimentée par l'histoire du XXe siècle (Front du salut national ex-communiste *versus* les partis historiques : Parti national paysan, chrétien et démocrate [PNTcd] et Parti national libéral [PNL] qui se voulaient en continuité avec l'entre-deux-guerres). Or le PNTcd se retrouve aujourd'hui hors du Parlement, condamné à l'extinction, et si le PNL constitue l'une des forces de l'opposition actuelle, il est dirigé par un ancien Premier ministre de Ion Iliescu et a abandonné la référence à l'entre-deux-guerres.

Diverses phases correspondant depuis 1989 à des perceptions et à des gestions du temps différenciées sont identifiables. Pour prendre l'exemple de la Bulgarie, à une première période du « tout possible pour tous » (1990-1993) ont succédé une phase incertaine marquée par les premiers signes de la différence sociale et l'apparition des *borci* (lutteurs) – nouveaux riches (1994-1996) –, puis une phase du « tout possible » mais seulement pour certains, proches du pouvoir ou dotés de réseaux sociaux importants (1997-2001) ; enfin, une phase où tout n'est pas possible et sûrement pas pour tout le monde (de 2001 à aujourd'hui).

En Hongrie, le temps où tout paraît possible dure très peu, jusqu'à la grande grève des taxis d'octobre 1990 qui paralyse pour plusieurs jours le pays, le pessimisme atteignant un sommet en 1995, au moment de l'adoption par le gouvernement socialiste-libéral des réformes d'assainissement des finances publiques (le « paquet Bokros », du nom de Lajos Bokros, ministre des Finances de l'époque), pour se stabiliser à la fin de la décennie 1990.

Cette chronologie ne vaut pas seulement pour la définition du champ des possibles : elle vaut aussi pour les rapports à la durée et à la flexibilité du temps. Ainsi, dans le postcommunisme bulgare, le temps s'est accéléré, en 1989-1991 d'abord (chute de Todor Živkov, premières élections libres, mouvements de rue pour imposer une véritable alternance en juin et à l'automne 1990), puis de nouveau en 1996-1997 (approfondissement de la crise économique, passage à une hyperinflation dont l'effet est de « contracter le temps » au cours de l'hiver). Depuis, avec le retour à une stabilité macro-économique qui tend à figer les équilibres et les inégalités sociales, on semble revenu à une perception du temps moins saccadée. Ce qui ne veut pas nécessairement dire que l'incertitude ait diminué. Mais au lieu de porter sur les contours globaux des processus politiques et économiques, elle concerne les conditions d'épanouissement de la cellule familiale ou de l'environnement immédiat.

Cette perception du temps est en effet de plus en plus différenciée d'un groupe social à l'autre. Le temps des anticipations est d'autant plus court que l'on se considère comme vivant dans une situation de précarité. Ainsi, à la question : « Vous, personnellement, sur quelle période de temps êtes-vous en mesure de faire des plans ? », 6 % des Bulgares répondent « sur quelques années », 9 % « sur une année », 16 % « sur quelques mois », 33 % « au jour le jour » et 35 % « Je ne fais aucun plan » (sans réponse : 1 %)[5].

Rapport au politique et rapport à l'Europe

Les difficultés auxquelles les sociétés de l'Europe centrale postcommuniste ont été confrontées après 1989 ont partout contribué, plus ou moins nettement, plus ou moins rapidement, à disqualifier l'utopie et à condamner son utilisation à des fins politiciennes. La liquidation du communisme, l'énonciation en termes de « perte » du rapport à toute idéologie, la lassitude des sociétés face aux efforts qui

---

5. Résultats de l'enquête « L'état de la société », réalisée en 2002 par l'agence de sondages Alpha Research, auprès de 1 975 personnes, avec le soutien d'Open Society, et dans le cadre du *think tank* Center for Liberal Strategies. Source : Ralitza Peeva (dir.), *Sastojanie na obtestvoto* [L'état de la société], Sofia, Open Society, 2002, p. 31.

leur étaient demandés expliquent qu'une ample distance ait été prise à l'égard du politique.

Celle-ci se traduit par des phénomènes de désillusion qui passent par la mise en cause de l'incapacité, voire de l'impuissance, du politique. Une mise en cause éventuellement relayée (ou s'exprimant de façon privilégiée) par la dénonciation de l'incompétence et/ou de la corruption, réelles ou supposées, de la classe politique, partout discréditée.

Le passage du politique enchanté propre aux périodes révolutionnaires et postrévolutionnaires à cette désillusion, commune aujourd'hui à toute l'Europe centrale postcommuniste, a eu notamment tendance à se traduire par un désengagement électoral. Et par le fait que les citoyens ne votent souvent plus « pour », mais « contre ». Cette évolution, en trois temps, a touché, par-delà les décalages de chronologies, l'ensemble des pays de la zone.

Le premier temps, celui de l'enthousiasme lyrique et de la croyance en un politique enchanté, fut davantage sensible dans les sociétés où le changement de régime s'était opéré dans une accélération extrême du temps (la Tchécoslovaquie, la Roumanie). En Pologne, l'expérience de Solidarité et de l'état de guerre, puis la logique de compromis qui avait prévalu lors des négociations de la table ronde rendaient, dès 1989, l'enchantement du politique beaucoup moins crédible. Comme du reste en Hongrie, du fait de l'épuisement, dans la seconde moitié des années 1980, de la logique des réformes engagées dans les années 1970. Par ailleurs, en Bulgarie et en Roumanie, ce que l'on pourrait appeler la « disparition apparente du communisme », une évolution qu'aurait accréditée la victoire des forces anticommunistes, fut plus tardif, intervenant respectivement à l'automne 1991 et en 1996.

Le deuxième temps fut celui de la consolidation, à travers une professionnalisation de la politique (création de partis, apparition d'un personnel politique, compromis en termes de partage du pouvoir au niveau national, régional et local). Celle-ci s'est accompagnée de l'émergence de doutes relatifs à la capacité du politique de fournir des réponses globales aux difficultés éprouvées par les sociétés.

Le troisième temps voit la disqualification accélérée du politique, attestée notamment par la fragilité des loyautés partisanes, la part importante des électeurs mobiles qui modifient leur choix d'une élection à l'autre, le poids de l'abstention lors des consultations électorales.

C'est en tout cas à la désillusion qu'on peut référer certains phénomènes de nostalgie à l'égard d'un ordre ancien qui, s'il ne garantissait pas liberté et prospérité, pouvait sembler apporter une certaine stabilité, sécurité et égalité.

Cette évolution peut toutefois être mise en perspective. Il s'agit sans doute davantage du rejet d'une certaine parole politique, d'une façon de faire de la politique, que d'un refus global du politique. Ce dernier peut connaître des reconfigurations à partir d'autres niveaux, en particulier le local et le transnational (européen). Ainsi, en Bulgarie, si la plupart des observations empiriques et des études sociologiques quantitatives attestent une aliénation grandissante de la société bulgare par rapport au politique, une catégorie de professionnels du politique, élus et réélus d'une élection à l'autre, tend à apparaître. Mais cette émergence se fait par le local (réélection de 54 % des maires aux élections municipales d'octobre 2003) et sur la base de loyautés interpersonnelles au moins autant que partisanes.

Par ailleurs, cette évolution s'inscrit dans un processus plus large, qui n'est pas spécifique à l'Europe postcommuniste, caractérisé par une difficile redéfinition d'un politique débarrassé de la relation à l'idéologie et l'utopie. La mise en place de ce politique « modeste » explique assez largement l'importance accordée, dans les sociétés centre-européennes, au pragmatisme, à la compétence, à la technicité et, à l'inverse, la distance manifestée vis-à-vis des catégories morales supposées fonder le politique, des discours enflammés, des grandes déclarations de principe. L'a-idéologisation des sociétés est un facteur d'explication souvent souligné par les observateurs concernant notamment le retour ou le maintien au pouvoir des anciennes élites communistes.

Sur ce point, plus que tout autre facteur, c'est la conformité à un certain nombre de critères, en partie inchangés avant et après 1989, mais réorganisés pour déboucher sur des configurations nouvelles, qui constitue la clef de l'accès à l'élite : âge, sexe, formation, milieu, profession, influence familiale... C'est pourquoi l'accès à l'élite, y compris politique, résulte non tant du passé politique de chacun que des ressources non politiques qu'on sera en mesure de mobiliser. D'où une relative permanence des anciennes élites aux postes de direction et de responsabilité. En Hongrie, en 1996, près de 50 % des élites politiques et administratives et 66 % des élites économiques et culturelles avaient été membres du Parti. En République tchèque, entre 37 et 41 %. En Slovaquie, où la possibilité n'existait pas, à la différence des pays tchèques, de puiser dans un réservoir alternatif pour reconstituer les élites après 1989, la continuité l'emporte, malgré des recompositions partielles. En Bulgarie, le problème est encore plus simple : en 1989, la mutation est initiée, conduite et contrôlée par la deuxième génération communiste, qui coopte les nouvelles élites politiques de l'opposition et les « komsomols » de la troisième génération communiste. Il faudra attendre 1996-1997 pour qu'une élite d'opposition alternative apparaisse opérationnelle.

Cette permanence relative des anciennes élites engendre évidemment maints ressentiments, susceptibles d'accentuer un fossé partout sensible entre élites et société. Le cas roumain ou le cas slovaque, où il n'apparaît pas exagéré de parler de divorce, ne sont pas isolés. Le même phénomène peut être observé en Pologne, en raison notamment du succès visible des stratégies de reconversion mises en œuvre par des membres de l'ancienne nomenklatura.

Il reste que ce rapport au politique organisé par la disqualification et le désenchantement n'est pas sans ambiguïté. Deux exemples peuvent l'illustrer.

Le premier réside dans la métamorphose du Parti des jeunes démocrates – Parti civique hongrois (FIDESZ-MPP) – et de son chef,

Viktor Orbán, à l'origine d'une bipolarisation radicale de la scène politique. Celle-ci a débouché sur la mobilisation de la population (et de la rue) autour du FIDESZ-MPP au moment des élections législatives de 2002. Au premier tour du scrutin, le 7 avril 2002, la participation s'est élevée à 70,2 %, contre 65 % lors du premier tour des premières élections législatives libres de 1990. Et cela, dans un contexte où les sondages d'opinion indiquent une méfiance à l'égard des institutions politiques (notamment vis-à-vis des partis et du Parlement) identique à celle rencontrée dans les autres pays de l'Europe postcommuniste.

Pourtant, la mobilisation ne saurait être interprétée comme la victoire d'une *Respublica*, ni comme un réenchantement du politique. Elle participe d'une exacerbation des passions politiques, du fait de la rhétorique néopopuliste d'Orbán qui n'hésite pas, en jouant d'une sorte de logique postmoderne, à aligner les paradoxes et à se référer simultanément à plusieurs registres symboliques. Cette rhétorique associe le « jeunisme » volontariste et énergique incarné par le charisme d'un Viktor Orbán en prise directe sur le « pays » aux valeurs traditionnelles de la droite hongroise. D'où les références à la Hongrie historique et aux minorités magyares des États voisins ; à l'anticommunisme, outil de consolidation de la bipolarité droite-gauche ; à l'opposition, qui nourrit l'idéologie de la droite hongroise depuis le XIXe siècle, entre la capitale et la province, celle-ci étant présentée comme plus authentiquement magyare ; au clivage entre les « nouveaux riches » d'extraction communiste ou liés au capital multinational et la classe moyenne hongroise ; ou encore à la famille.

Second exemple : la Roumanie. Dans ce pays, la phase passionnelle, ponctuée de violences dans la rue, après la chute du régime Ceausescu, fut de courte durée. L'opposition communistes/anticommunistes, qui a servi de cadre pour l'organisation d'une scène politique émergente, a épuisé progressivement son potentiel structurant, les attentes de la société se tournant à partir de 1996 vers une conception pragmatique et gestionnaire du politique. Elles furent néanmoins fortement déçues et cédèrent la place à l'aliénation grandissante à l'égard du politique d'une société de plus en plus frustrée[6]. Les dernières élections législatives de novembre 2000 ont révélé l'ampleur de ce phénomène, tant avec la forte baisse de la participation électorale (56 % contre 76 % en 1996) qu'avec l'importance du vote pour l'extrême droite. Le Parti de la « Grande Roumanie » (PRM) rassembla quelque 20 % des voix et son candidat aux présidentielles participa au deuxième tour du scrutin après avoir recueilli 28,33 % des suffrages au premier tour.

Le poids de l'extrême droite populiste donne une couleur spécifique au désenchantement roumain à l'égard du politique. Ce désenchantement se nourrit bien sûr d'une dénonciation de la corruption de la classe politique commune à l'ensemble des pays postcommunistes, mais le discours d'extrême droite active en Roumanie des imaginaires locaux multiples, se réclamant à la fois de l'extrême droite orthodoxe de l'entre-deux-guerres, de l'imaginaire des « haïdouks[7] », de Robin des Bois ou de la violence verbale de la culture « hip-hop » de la jeunesse citadine. Et cette aliénation n'interdit en rien la demande persistante et réitérée d'une « bonne gouvernance », les espoirs s'orientant vers Bruxelles dans un contexte où la souveraineté nationale reste pourtant valorisée.

La relation à l'Europe, et, à travers elle, à l'Occident et au monde, constitue de fait l'un des espaces privilégiés de recomposition des imaginaires centre-européens. L'Europe en est progressivement venue à constituer la trame des changements postcommunistes. Au fur et à mesure que sa centralité s'affirmait, les contenus et formes qu'elle a pris dans les imaginaires en ont été modifiés. Plusieurs lectures et usages (internes et/ou externes) de l'Europe ont

---

6. En 2003, 86 % des Roumains affirmaient que ceux qui avaient bien vécu sous Ceausescu continuaient à bien vivre aujourd'hui (sondage de l'Institut d'études sociales cité dans *Transindex*, 26 février 2003, http://politika.transindex.ro).
7. Pendant la période ottomane, bandits de grand chemin, érigés en héros et justiciers par les historiographies des États balkaniques au XIXᵉ siècle.

été proposés, qui opéraient à des niveaux symboliques différents, éventuellement contradictoires, mais néanmoins coexistants.

L'évolution de ce rapport à l'Europe renvoie à trois moments communs, par-delà les spécificités, à l'ensemble des pays de la zone : celui de l'Europe imaginée, d'un rêve de « retour » à une normalité incarnée par le modèle de réussite économique et politique de l'Union européenne ; celui d'une Europe système de contraintes et grille d'évaluation des « transitions » après que se sont engagés les pourparlers concernant l'adhésion ; enfin, celui d'une Europe ambiguë, jusqu'à un certain point découplée des États-Unis, où se mêlent le désir d'« en être » et le refus des contraintes qui y sont liées. Une Europe qui, par ailleurs, notamment dans le cas roumain ou bulgare, sert d'argument, même peu plausible, pour occulter la crise de la représentation politique.

Le premier moment est donc celui du retour à l'Europe, selon une définition « culturaliste », « civilisationnelle », historique, de cet espace identifié à l'Occident, et donc étendu aux États-Unis. Il s'agissait du retour au bercail de l'« Occident kidnappé », selon la formule de Milan Kundera. Et cette réparation, légitimée par une appartenance, s'énonçait également comme désir d'avenir prospère. Les formulations de ce désir d'Europe pouvaient, quant à elles, varier selon les pays et selon les différents groupes sociaux, au sein du même pays.

La réactivation de la référence à l'Europe centrale, effectuée par les dissidents polonais, hongrois et tchèques à partir du milieu des années 1980 afin de distinguer leurs pays de l'Union soviétique, fut maintenue après l'écroulement des régimes communistes par les nouvelles élites politiques, en partie recrutées au sein de ces groupes dissidents. À la Russie identifiée comme cet autre dont il fallait se démarquer s'ajoutaient, avec le début du conflit yougoslave, les Balkans. Les élites roumaines tentèrent à leur tour de se raccrocher au groupe des bons élèves et d'échapper au « stigmate » balkanique, en invoquant, sans grand succès il est vrai, cette même appartenance centre-européenne.

Dans le cas de la Hongrie, qui se considérait dans les années 1980 comme le pays le plus occidentalisé du bloc soviétique, l'activation du mythe de l'Europe centrale a joué des références habsbourgeoises et de l'âge d'or de la monarchie austro-hongroise. En 1990, le gouvernement de droite de József Antall lançait l'idée – abandonnée par la suite parce que trop coûteuse – d'une exposition universelle qui aurait pour sites Vienne et Budapest. Les ex-communistes faisaient campagne aux élections législatives du printemps 1990 sur les rythmes de la chanson *Go West* du groupe Pet Shop Boys, activant un imaginaire de la prospérité partagé par la société hongroise, alors que les intellectuels hongrois, comme ceux des autres pays communistes, approchaient ce retour à l'Europe par les valeurs et mettaient en avant la démocratie, les droits et la liberté.

Le deuxième moment est celui de l'Europe « normalité » : il s'agit de la découverte d'un système de normes diffusées notamment par le Conseil de l'Europe, auquel tous les pays de la zone adhérèrent dans la première moitié des années 1990, plus tard par l'Union européenne et par l'OTAN, mais aussi par les institutions financières comme le FMI et la Banque mondiale, aux injonctions desquelles il fallait se plier.

Dans cette construction d'imaginaires du rapport entre soi et l'autre, où l'idée d'une normalité et d'une reconnaissance était fondamentale, le pôle Europe de la « normalité » n'a pas été clairement dissocié pendant longtemps du pôle OTAN, les deux facettes du processus d'intégration euro-atlantique étant perçues comme complémentaires.

Si l'adoption des « normes occidentales » fit l'objet en Hongrie d'un consensus tacite entre les élites et la société, notamment pour ce qui était de l'ouverture de l'économie hongroise aux investissements occidentaux, elle s'avéra beaucoup plus longue et malaisée dans le cas de la Roumanie. Perçu comme le « mauvais élève de la transition », ce pays fit preuve d'une ambivalence sensible tant dans la société qu'au sein des élites. La société oscillait entre l'autodépréciation découlant de l'humiliation ressentie face au regard dépréciatif de l'autre et le repli sur une identité (sur)valorisée. Les élites politiques usèrent quant à elles du double discours, s'engageant formellement devant les interlocuteurs occidentaux à adopter les « standards » occidentaux (en matière de droits de l'homme et des minorités notamment, ou encore à propos de la restitution des biens nationalisés par le régime communiste) mais tardant à traduire ces engagements dans les pratiques, voire dénonçant, à usage interne, les pressions occidentales.

Le troisième moment, marqué par l'accélération du processus d'intégration européenne et euro-atlantique à partir de 1998, est celui du renforcement des ambiguïtés, comme du clivage entre États-Unis et Europe, dans les perceptions de l'Occident.

Rapport à soi, rapport à l'autre. Sphère publique, sphère privée

Ce troisième rapport peut s'énoncer différemment d'un pays à l'autre, l'expérience historique de chacun servant de filtre.

La Pologne (ou à tout le moins sa classe dirigeante) campe sur une conscience aiguë des égards qui lui sont dus, en tant que pays dont la superficie et la population suffiraient à justifier le statut de puissance. Parallèlement, de 1994 au référendum de 2003, le pourcentage des personnes hostiles à l'entrée dans l'Union européenne n'a cessé de croître, les électeurs des partis radicaux formant une sorte de « camp de la peur » : peur de la concurrence, de la prise de responsabilités, du chômage, de la criminalité, ou encore des étrangers qui veulent transformer, selon la formule de Samoobrona, les Polonais en « esclaves ». Comme l'a dit le leader du LPR, Jan Lopuszanski : « Nous savons être maîtres chez nous. Nous n'avons pas besoin des Bruxellois. Nous avons déjà eu les Moscovites et nous savons ce que cela a donné[8]. » Ces partis attirent les électeurs surtout

---

8. *Wprost*, 7 octobre 2001, p. 9.

dans les régions où le taux de chômage est le plus élevé, au nord-ouest, à l'est et au sud-est du pays.

Le résultat du référendum pouvait conduire à apaiser un besoin d'affirmation des ambitions polonaises qui a quelque peu irrité à l'extérieur du pays (et pas seulement dans la « vieille Europe »). Il n'en a rien été, ce qui laisse à penser que ce besoin ne procède pas uniquement du désir de se voir reconnaître le statut auquel les Polonais estiment avoir droit. La controverse sur la mention du rôle de l'héritage chrétien dans le préambule de la Constitution européenne est de ce point de vue très révélatrice. Marek Beylin et Adam Michnik, respectivement rédacteur en chef et directeur du très influent quotidien *Gazeta Wyborcza*, ont ainsi opposé une fin de non-recevoir à l'appel qui leur avait été lancé par Daniel Cohn-Bendit et Olivier Duhamel de renoncer à cette exigence[9].

Le dialogue entre Michnik et Cohn-Bendit n'est pas nouveau. Dans un précédent entretien entre les deux hommes[10], Adam Michnik avançait l'idée qu'il avait « toujours un pied dans le communisme, en Asie ». Les risques découlant pour lui du passé, d'une épaisseur de références précisément indépassable, il n'était donc « européen qu'à 10 % [...], provincial », se sentant « en Europe comme Rastignac arrivant à Paris ». Pour Cohn-Bendit, à l'inverse, le registre de référence était le futur. Les risques, quelque diffus et imprécis qu'ils puissent être, étaient à venir. À Michnik, qui affirmait que « l'obsession de [sa] vie, c'est la fin du communisme », Cohn-Bendit répondait que « l'Allemagne, seule, face à la mondialisation, a autant d'importance que le Lichtenstein ». Intervention lapidaire de Michnik : « Ce n'est pas vrai. »

Passé *versus* avenir. Et donc positions organisées l'une par la certitude – le poids du passé (et d'un passé lourd, d'où l'idée sous-jacente qu'il ouvrirait droit à compensation) –, l'autre par l'incertitude. Dans la formule « héritage chrétien », il apparaît dès lors que

---

9. *Le Monde*, 15 octobre 2003 et 9 octobre 2003.
10. *Le Monde*, 29 avril 2003.

le mot important est plutôt le premier que le second. En fait, l'affichage d'une identité polonaise-catholique a d'abord pour fonction de permettre de feindre, à destination du monde extérieur, une cohésion nationale en réalité battue en brèche par l'évolution même de la société polonaise. Cette dernière s'est fortement et rapidement diversifiée dès avant l'effondrement du régime communiste. Et cette évolution est allée de pair avec une pluralisation du paysage catholique lui-même. Ce qui revient à dire que les grandes tendances à l'œuvre dans les pays occidentaux, en termes d'individualisation de la croyance, de prise de distance vis-à-vis de l'institution et d'adoption d'un rapport de consommateur exigeant à l'égard de l'offre religieuse, sont aujourd'hui parfaitement repérables en Pologne. Et le catholicisme s'étant pluralisé, chacun des Polonais peut y mettre ce qu'il entend. La thématique des valeurs ou de l'héritage chrétiens devient alors une sorte d'auberge espagnole, organisée comme un espace neutre et dès lors consensuel (à condition bien sûr de ne pas s'interroger trop avant sur ce que les uns et les autres investissent dans ladite thématique).

Il reste que cette utilisation du thème religieux ne fait pas l'unanimité. Quelque deux cents personnalités polonaises, affirmant appartenir à la majorité silencieuse (ce qui semble pour le moins excessif), ont rendu publique, fin 2003, une lettre ouverte où se trouve récusée l'idée que tous les Polonais seraient des catholiques conservateurs et voudraient une Pologne forte dans une Union européenne faible.

Mais c'est sans doute la formule « *Teraz, kurwa, nas !* (Maintenant, putain, nous !) » qui résume au mieux l'état d'esprit prévalant en Pologne.

Pour les Tchèques, le noyau central est un sentiment de fragilité historique : qui sommes-nous, quelle est notre légitimité, quels sont les risques que nous disparaissions ? Autant de questions posées depuis le XIXe siècle. Cette disposition particulière au questionnement identitaire est bien évidemment réactivée par certaines forces, notamment d'extrême gauche (le PC) et d'extrême droite (aujourd'hui marginalisée puisqu'elle n'a pas franchi la barre qui lui aurait permis d'être représentée au gouvernement). Plus couramment, elle se traduit par une sorte de souverainisme dont le président Václav Klaus constitue un bon exemple, même si, depuis son élection à la tête de la République au printemps 2003, il est moins virulent en ce sens. Cette position est en fait largement partagée dans l'ensemble de la région, comme en témoigne le succès de ces thèses chez le voisin méridional.

Le rapport à l'Amérique du Nord n'est pas moins complexe : les Tchèques n'ont jamais tenu les Américains pour responsables de la coupure de l'Europe et de leur inclusion dans le bloc soviétique ; au contraire, ils les créditent de la chute de l'« Empire du mal » et le président Havel a lui-même soigneusement mis en scène la dette contractée à l'égard de Washington. Par ailleurs, une géopolitique idéale recommande d'avoir un ami puissant mais éloigné. L'atlantisme tchèque vise, implicitement, à rééquilibrer le rapport difficile avec les voisins germaniques. De plus, les rapports respectifs avec l'Europe et avec l'atlantisme sont flous, les Européens parlant surtout en termes d'institutions et les Tchèques en termes de culture et d'histoire. L'appartenance à l'Europe est une évidence géographique et historique que masquent les considérations institutionnelles, économiques, juridiques qui ont dominé les négociations préalables à l'adhésion à l'Union. On notera toutefois le décalage patent, apparu clairement lors de la guerre en Irak, entre les responsables politiques, très sensibles aux conceptions américaines, y compris pour une partie des sociaux-démocrates, et la société, beaucoup plus proche d'une vision « française ».

Une vision du monde où la République tchèque jouerait un rôle n'a pas tout à fait disparu, sorte de nostalgie pour le passé : l'hebdomadaire praguois *Respekt* titrait dans son numéro 45 des 3-9 novembre 2003 : « Les Tchèques administrent le monde » en soulignant l'activité déployée au Koweït, à Cuba, en Irak, au Proche-Orient, à l'OTAN, etc., dans le cadre des organisations internationales. Nostalgie un peu caricaturale, peut-être excitée par l'activisme des voisins – en particulier polonais –, et sentiment de revanche sur le passé. À noter que les Tchèques ont une tradition d'explorateurs et de grands voyageurs, qui n'a pas disparu sous le régime communiste. Leur enfermement continental les pousse à cette curiosité pour l'étranger, même lointain.

Parallèlement à cette soif d'espace et de prolongation de soi, par exemple avec les « colonies » tchèques hors de la République, le sentiment global d'une confiscation de la société par des intérêts étrangers est assez fort, tout en étant tempéré par la conscience que c'est le prix à payer pour la liberté nouvellement acquise. Cette pondération explique en partie le faible succès de l'extrême droite en pays tchèques depuis 1989.

En Slovaquie, la situation est profondément différente pour ce qui est du rapport à soi et du rapport aux autres. Les Slovaques ne sont pas encombrés par l'histoire ni par une quelconque nostalgie pour une gloire passée. Ils sont « neufs », ayant atteint un seuil numérique qui les met à l'abri de la disparition qu'ils pouvaient encore redouter à la veille de la Première Guerre mondiale, et forts d'avoir finalement accédé à un statut étatique dont l'absence était la source d'un profond complexe d'infériorité. Ils trouvent leur identité dans une centralité slave clairement revendiquée, qu'il s'agisse de leur langue ou de leur situation géopolitique au carrefour des Slaves du Centre et de l'Est. Cette slavité revendiquée tranche avec l'attitude des Tchèques, pour qui l'occidentalité domine, même si, à Bratislava, slavité et occidentalité ne s'excluent pas. Ici encore, il faut tenir compte de la dualité slovaque, de cette tradition « occidentaliste » forte et de cet enracinement local : peut-être est-on aujourd'hui en présence d'un glissement progressif vers l'Ouest, même si l'exemple croate vient montrer que des mouvements contraires peuvent survenir.

Les quinze dernières années ont démontré la coexistence (souvent non pacifique) en Slovaquie de deux courants : l'un est défensif, de fermeture, et s'est incarné dans certains courants politiques (le SNS, le Parti national slovaque) ou culturels comme la *Matica slovenska*, la grande institution patriotique et culturelle fondée au XIXᵉ siècle ; l'autre tente d'établir un pont entre communautés nationales slovaque, tchèque, hongroise, autrichienne, telles la revue *OS* ou la maison d'édition Kalligram, et de privilégier l'ouverture européenne.

Le positionnement de l'opinion publique à l'égard du monde a été par conséquent très prudent et progressif. Les liens avec l'URSS ont été maintenus plus longtemps, les solidarités centre-européennes davantage cultivées (par exemple avec les États balkaniques) et l'ouverture vers le monde américain moins marquée jusqu'en 1998. Depuis, il est vrai, la nouvelle coalition de centre droit s'est engagée de façon univoque derrière Washington, dans un mouvement régional général en Europe centrale. Les Slovaques n'ont pas oublié les « racines » nord-américaines liées à leur émigration massive outre-Atlantique au début du siècle.

Le fait que la Slovaquie a été longtemps le parent pauvre de l'Europe centrale, le pays où les investissements par habitant étaient les plus faibles, explique que l'opinion ait été si longtemps hésitante. Depuis le début des années 2000, les choses ont bien changé : les réticences politiques de l'Occident sont tombées ; les investisseurs voient tout l'intérêt de la qualité de la main-d'œuvre slovaque et de la situation européenne du pays, à la frontière de l'Europe orientale. L'ouverture n'est donc plus un slogan ou une conviction idéologique, mais une réalité dont les retombées sont mesurables. L'européanisation et l'américanisation de la société poursuivent leur marche : à n'en pas douter, elles entretiendront la confrontation entre les deux grands courants mentionnés plus haut.

Si le rêve d'un empire de soixante millions de Hongrois a encore pu être évoqué par quelques-uns à l'occasion de la commémoration du traité de Trianon en 2003, les minorités magyares à l'extérieur des frontières du pays ne mobilisent pas vraiment un pays susceptible de se ressentir comme une « petite nation », démographiquement en déclin, sans « frères » puisque ni latine ni slave.

La Hongrie voit se multiplier les usages de la référence à l'Occident. Celle-ci peut notamment activer un imaginaire de la soumission, à l'Union européenne comme vis-à-vis des États-Unis. Les Américains occupent ainsi depuis le milieu des années 1990, pour des raisons de proximité avec le terrain du conflit yougoslave, la base militaire de Taszár, sous contrôle soviétique jusqu'en 1991. Un néo-colonialisme en remplacerait donc un autre... La diffusion de l'« *american way of life* », issue de la globalisation, peut également susciter des réactions de ce type.

Des intellectuels dénoncent l'invasion de la culture de masse américaine, des groupes nationalistes appellent à la mobilisation au nom de la défense des tribus. Dans cette dernière lecture, la globalisation-américanisation n'est que la continuation de la domination soviétique par des moyens plus insidieux mais plus efficaces (un « bolchevisme libéral »). Une partie de l'extrême gauche hongroise formule quant à elle ses critiques de la globalisation-américanisation en termes de centre et périphérie, de puissants et pauvres. Face à cette dynamique, l'Union européenne peut apparaître comme un frein à cette globalisation comprise comme américanisation. Elle peut également être envisagée comme un moteur d'uniformisation, le rouleau compresseur de Bruxelles succédant dans cet imaginaire à celui de Moscou.

Le rapport à l'Union européenne est donc contradictoire. L'intégration suscite un espoir, sinon dans le temps court, temps inquiet, du moins dans le temps moyen, celui des enfants, qui sera meilleur si la Hongrie est membre de l'Union européenne. Mais le référendum sur l'intégration européenne organisé en avril 2003, marqué par un fort taux d'abstention (54,38 %), interroge les belles certitudes du Premier ministre hongrois, qui annonçait le soir du scrutin que la Hongrie était enfin arrivée à bon port, en reprenant la métaphore, développée au début du XX⁰ siècle par le poète Endre Ady, du pays-bac voguant entre deux rives, l'Occident et l'Orient.

L'affaire irakienne semble, quant à elle, avoir accéléré la différenciation entre Europe et États-Unis. Alors même que le gouvernement soutenait la position américaine, la société était majoritairement contre la guerre. Un sondage réalisé en avril 2003 indiquait que presque la moitié de la population hongroise ne souhaitait pas que les États-Unis jouent le rôle de dirigeant du monde[11], alors que six mois auparavant un tiers de la population seulement exprimait la même position.

En Roumanie, le désir d'intégration européenne, envisagée à l'horizon de 2007 alors que l'entrée dans l'OTAN devrait se faire en 2004, reste très puissant. Ce désir peut exprimer, on l'a dit, une attente de « bonne gouvernance » et un rêve de prospérité, dans un contexte de discrédit poussé des élites politiques nationales, tous partis confondus, et de malaise économique et social persistant. L'Union européenne occupe en effet la troisième position dans la hiérarchie de la confiance populaire, avec 60 %, après l'Église et l'armée[12]. En même temps, 79 % des Roumains[13] ne souhaitent pas que les décisions du gouvernement soient déterminées par les institutions internationales. L'instrumentalisation de la question européenne par un gouvernement en panne de projet politique risque d'épuiser à terme son potentiel mobilisateur au sein d'une société dont une partie commence à se considérer une fois de plus comme perdante, les financements européens semblant surtout profiter aux élites en place et à leurs réseaux. Et si l'Amérique continue à faire rêver, le soutien accordé par le gouvernement à la position de Washington dans l'affaire irakienne pour des raisons de *realpolitik* (l'adhésion à l'OTAN apparaissant plus proche que l'entrée dans l'UE) fut accueilli avec des sentiments nettement plus mitigés au sein de la société, sans pour autant susciter de mobilisations fortes.

---

11. Voir RFE/RL NEWSLINE, vol. 7, n° 77, partie II, 23 avril 2003.
12. Voir Eurobaromètre 2003, cité dans *Cotidianul*, 25 juillet 2003, www.cotidianul.ro.
13. Sondage de l'Institut d'études sociales cité dans *Transindex*, 26 février 2003, http://politika.transindex.ro.

En Bulgarie, enfin, c'est au nom de la complémentarité entre Union européenne et OTAN que les élites politiques bulgares sont parvenues à convaincre une population plutôt sceptique de la nécessité d'accepter une entrée dans l'OTAN. Il a fallu attendre mai 1999 pour que le Parti socialiste bulgare accepte, du bout des lèvres, le principe de l'adhésion. Le taux de soutien aux deux projets (Union européenne et OTAN) est toujours resté plus élevé pour le premier (environ 80 %) que pour le second (environ 60 % avec des fluctuations conjoncturelles).

S'il y a aujourd'hui encore un puissant désir d'intégration euro-atlantique et une focalisation des attentes par rapport à l'Union européenne (aucun parti politique n'est contre ou n'a utilisé d'argumentaire qui viendrait questionner cette finalité), en revanche le projet d'intégration européenne semble avoir servi de substitut, comme en Roumanie, à une réflexion sur le devenir collectif. Au passage, le lien entre élites dirigeantes et citoyens ordinaires s'est délité, l'Union européenne apparaissant comme un langage incapable de répondre aux attentes sociales des électeurs. L'Europe constitue de fait une rhétorique qui n'est pas en mesure, pour le moment, d'atténuer le coût des réformes de marché. Or c'est principalement à ce niveau que se concentrent les attentes des électeurs bulgares.

Dès 1991, le quotidien polonais *Gazeta Wyborcza*, ébauchant un bilan des transformations intervenues, titrait : « Ceux qui gagnent, ceux qui perdent et ceux qui sont perdus », en ne dissimulant point que la troisième catégorie était de loin la plus nombreuse. Le constat peut sembler toujours d'actualité.

Les études de mobilité sociale réalisées à la fin des années 1990 montrent que les perceptions d'immobilité, voire de mobilité descendante, sont dominantes. Ainsi, en Hongrie, plus des deux tiers de ceux qui avaient un emploi en 1989 n'ont pas changé de profession en 1999. Mais derrière cette stabilité apparente (décrite comme « objective »), des modifications importantes dans les statuts et les positions sociales, les revenus, les hiérarchies de prestige sont intervenues. Deux tiers des Hongrois se plaçaient en 1999 plus bas sur l'échelle sociale qu'en 1989, seuls 15 % estimant avoir bénéficié d'une mobilité ascendante. Ce type de perception touchait en 1999 jusqu'aux catégories qui auraient pu apparaître comme les « gagnants » des changements[14].

En Bulgarie, la description de la société s'organise dans les médias autour d'une lecture dichotomique opposant une minorité prospère à une majorité appauvrie, les catégories utilisées pour énoncer cette nouvelle différenciation étant principalement celles de la pauvreté et de la stigmatisation d'une richesse injustement acquise.

Ce dernier trait se retrouve dans les autres pays de la zone, toute ascension sociale étant susceptible d'y apparaître comme suspecte. Par ailleurs, outre le revenu, le critère générationnel intervient partout comme un des facteurs les plus importants de différenciation.

Ainsi, dans la République tchèque, une partie de la population (qu'elle soit sans capital familial, par l'appartenance aux anciennes élites précommunistes, sans capital intellectuel ou trop âgée ou fatiguée pour se reconvertir à un monde ouvert) considère le monde nouveau comme hostile et le rejette radicalement. Elle constitue le réservoir du PC (qui s'est maintenu en tant que tel et représente entre 13 et 20 % des intentions de vote).

Une autre partie tente de se « débrouiller » en s'appuyant sur ses réseaux anciens et en s'adaptant plus ou moins bien aux nouvelles conditions. C'est la majorité. On y retrouvera l'universitaire traducteur, le sociologue qui fait des sondages pour la grande distribution, etc.

Enfin, la plus jeune génération, celle qui fait des études supérieures, accepte le nouvel individualisme qui lui permet de s'épanouir. Elle est « utilitariste » et ses stratégies sont résolument européennes. Entrent dans ce groupe deux autres catégories : les cadres communistes qui ont pu utiliser leurs réseaux pour se reconvertir à

---

14. Voir Péter Róbert, « Társadalmi mobilitás és rendszerváltás » [Mobilité sociale et changement de régime], *Századvég*, n° 15, www.c3.hu/scripta/index_center.htm.

une économie libérale et les bénéficiaires des restitutions (le prince Schwarzenberg, ancien chancelier du président Havel, est l'homme le plus riche de la République tchèque).

Ce qui domine est un réalisme matérialiste quasi absolu dans une partie croissante de la population, sur fond de déchristianisation radicale, d'éclatement de la famille et de course à la consommation.

Là encore, ces traits ne sont pas spécifiques à la République tchèque, même si tous ne se retrouvent pas partout, notamment en ce qui concerne la famille ou la religion. La Pologne se sécularise rapidement, mais sans pour autant verser dans une déchristianisation radicale. En revanche, 27 % des Hongrois se déclarent sans religion et 29 % disent prier au plus une fois par an ou jamais (38 % affirment prier une fois par semaine, avec des décalages générationnels très importants) [15].

Quatre tendances semblent en tout cas partagées par l'ensemble des pays de la zone : l'appétit consumériste, le pessimisme (en 1987, 33 % des Hongrois se déclaraient optimistes, le chiffre chutant à 11 % en 1991 pour remonter à 18 % en 1999), le repli sur le privé et l'individualisme.

À une enquête effectuée en Pologne en 1997 sur l'attitude de la jeunesse par rapport à l'autorité, 45 % des sondés déclaraient ainsi ne reconnaître aucune autorité (sinon, pour 15 % des personnes interrogées, « eux-mêmes »). Parmi les 55 % qui reconnaissaient une autorité quelconque, 82 % citaient un membre de leur famille et 18 % désignaient le pape [16].

La progression de l'individualisme et de la privatisation procède à l'évidence d'une évolution dépassant largement les frontières de la zone. Elle apparaît toutefois d'autant plus puissante que le post-communisme ressortit à une entreprise conduisant à désemboîter public et privé, c'est-à-dire à mettre fin à la confusion régnant entre

---

15. Voir Miklós Tomka, « A házak túlnőtték a templomot » [Les maisons sont plus grandes que les églises], *Népszabadság*, 22 avril 2000.

16. Enquête menée par Stanislawa Trebunia-Staszel, « Kontrapunkt », *Tygodnik Powszechny*, 19 novembre 2000, n° 48, p. 10.

les deux durant la période communiste, du fait de l'omniprésence de la sphère publique. L'après-1989 se devait de reconstituer un espace privé, et le repli sur cette sphère pouvait, dans cette perspective, constituer une illustration du succès des mutations en cours. S'y exprime cependant le plus souvent l'absence d'espoir placé dans une sphère publique ressentie comme en crise profonde.

Font ainsi défaut, pour prendre l'exemple bulgare, les lieux et les structures qui pourraient faciliter l'exercice d'une influence des citoyens ordinaires sur la décision ou l'articulation de leurs intérêts (crise des syndicats et ancrage limité des structures partisanes). La faible participation des citoyens ordinaires à un éventuel débat public (moindre cependant au niveau de la gestion des enjeux locaux) est renforcée par la difficulté de toute mobilité géographique, facteur premier d'isolement et de repli (non-accès aux vacances désormais, coût trop élevé des transports pour se rendre dans les principales villes, sortie de l'emploi – et donc des réseaux de sociabilité qui y étaient tissés – d'une partie des actifs). Le problème est, on le voit, largement social.

L'individualisation, le repli sur soi, un rapport socialement différencié à un temps fragmenté, le consumérisme sont les vecteurs de transformations importantes dans la vie quotidienne. La sociologue Elzbieta Tarkowska souligne ainsi que, dans la catholique Pologne, « le dimanche est seulement le dernier jour du week-end ». Les deux tiers des Polonais n'émettent aucune objection à travailler le dimanche, qu'il s'agisse d'un emploi principal ou d'une activité d'appoint. Plus de la moitié déclarent comprendre que l'on n'assiste pas à la messe s'il s'agit d'arrondir les fins de mois. Le dimanche, on rencontre par ailleurs des foules dans les centres commerciaux, 75 % des sondés considérant comme normal de faire ses achats ce jour-là[17].

---

17. Voir Iwona Halgas, « Dzien (bez) troski codziennej » [Une journée sans souci quotidien], *Tygodnik powszechny*, Cracovie, n° 51-52, 22-29 décembre 2002, p. 12.

Les habitants des grandes villes ont de fait inventé, avec les courses, une nouvelle tradition laïque. Les Polonais, qui passent de nombreuses heures dans ces hypermarchés, soutiennent, pour 45 % d'entre eux, qu'acheter permet de compenser des frustrations sentimentales et sexuelles. Ils aiment tout particulièrement, note Mariusz Gwozda, les inaugurations de nouveaux magasins. Être l'un des premiers clients, puis le manifester dans les rues en arborant un sac du centre commercial qui vient d'ouvrir, constitue « une forme de triomphe, de réussite existentielle et d'attestation d'un statut social[18] ».

D'autres exemples de ces évolutions peuvent être relevés ailleurs, comme en Hongrie, où les supermarchés à l'occidentale se sont multipliés dans la seconde moitié des années 1990, se substituant aux supermarchés hongrois des années 1980. Ces centres commerciaux, ouverts le samedi et le dimanche toute la journée, ainsi que tard dans la nuit les veilles de fêtes, sont assaillis par une clientèle d'acheteurs ou de badauds. L'un d'eux, le *Westend*, à Budapest, apparaît emblématique : il regroupe sur trois étages, à la manière des *malls* américains, divers magasins, grandes surfaces, salles de cinéma multiplex, ainsi que fast-foods, pizzerias et traiteurs chinois, où font défaut les plats définis comme « traditionnellement hongrois ». En revanche, les allées qui desservent l'intérieur du *Westend* portent les noms de princes transylvains du XVIIe siècle (le prince Báthory, Bethlen) ou de personnages historiques de la Hongrie médiévale. Les produits y sont inaccessibles (en tout ou en partie), mais ces « non-lieux anthropologiques » (Marc Augé définit, on le sait, les lieux anthropologiques par une triple fonction : identitaire, relationnelle et historique) deviennent des lieux de promenade, souvent familiale, pendant les week-ends, et des lieux de rencontre pour une population jeune. Faisant donc l'objet de formes d'appropriations différenciées selon les groupes sociaux (aisés ou moins aisés), les

---

18. Mariusz Gwozda, « Zakupy : hobby, rozrywka i nalog » [Les courses : hobby, distraction et dépendance], *Tygodnik Powszechny*, Cracovie, n° 45, 5 novembre 2000, p. 4.

générations, etc. Devenant dès lors, par le biais de cette « invention du quotidien » dont parlait Michel de Certeau, des lieux malgré tout porteurs de sens.

Au terme de ce survol des transformations intervenues depuis 1989 dans la région, maintes questions demeurent ouvertes : l'accélération de l'occidentalisation est indéniable, avec pour effets une différenciation sociale accrue et les frustrations qui en résultent. Celles-ci expliquent pour une large part la montée des ambiguïtés dans la définition d'un rapport au politique, débouchant sur le découplage entre opinion et élites. Mais ces tendances sont en fait communes à l'ensemble du continent, maints éléments permettant d'en attester l'existence en Europe occidentale. En revanche, certains problèmes apparaissent spécifiques. La marche forcée vers l'adhésion soulève l'inconnue des conséquences à plus long terme, dont l'évolution du PC en République tchèque, les réactions nationalistes en Croatie lors des dernières élections ou encore les raidissements de la « nouvelle Europe » pourraient, entre autres, constituer des anticipations. Quelles sont, par ailleurs, les perspectives d'évolution des pays qui, extérieurs à l'Europe centrale proprement dite, n'adhéreront pas immédiatement à l'Union européenne (le montant des investissements étrangers par habitant se monte à 800 € en Pologne contre 100 en Ukraine) ? Une question qui renvoie bien sûr à celle des frontières de l'Europe et, dès lors, des critères utilisés pour en établir le tracé.

Chapitre 1

POLOGNE : MÉLANCOLIQUE « NORMALITÉ »

Patrick Michel

À l'issue du référendum des 7 et 8 juin 2003, les Polonais ont approuvé à 77 % l'adhésion de leur pays à l'Union européenne. Ce résultat, accueilli avec soulagement tant à Varsovie que dans les autres capitales européennes (le taux de participation dépassant, avec 57 %, la barre requise des 50 %), n'a toutefois pas provoqué, comme le relevait Christophe Châtelot, d'« enthousiasme immodéré[1] ».

Cette adhésion sanctionne un processus amorcé par les accords de la Table ronde qui ont permis, avec la constitution du gouvernement de Tadeusz Mazowiecki, en 1989, une sortie en douceur du communisme. Depuis, la Pologne, qui a adhéré à l'OTAN le 12 mars 1999, a fait le choix d'une alliance privilégiée avec Washington : « Nous avons besoin du sentiment de sécurité. Et dans le monde, le seul pays qui peut nous le donner aujourd'hui, ce sont les États-Unis[2] », affirmait sobrement Bronislaw Geremek.

Aujourd'hui pays sans ennemi, la Pologne s'est construite, comme nation, sous le double sceau de la fragilité et de l'impermanence. Depuis les partages qui, à la fin du XVIIIᵉ siècle, l'ont rayée de la carte européenne, chaque ébranlement majeur qu'a connu le continent s'est traduit, pour la Pologne, par de profondes transformations (réapparition sur la scène européenne à l'issue du premier conflit mondial, nouveau partage entre Allemagne nazie et Union soviétique à l'aube du second, translation spatiale vers l'Ouest après 1945, au prix d'un arrimage politique à l'Est). La situation polonaise

---

1. *Le Monde*, 10 juin 2003.
2. « Refonder les Nations unies. Entretien avec Bronislaw Geremek », *Projet*, septembre 2003, p. 29.

est apparue, durant deux siècles, comme un indicateur privilégié des évolutions européennes. Il n'est dans cette perspective pas neutre que cette même Pologne soit dans la situation quelque peu paradoxale d'avoir assisté à la disparition, en tant qu'États, de tous ses voisins de 1989 (la RDA, la Tchécoslovaquie et l'Union soviétique), alors qu'elle-même subsiste, inchangée, dans des frontières qui ne sont discutées par personne.

Cette sécurité extérieure nouvelle ne pouvait pas ne pas avoir d'effets sur la situation intérieure, sur l'imaginaire des Polonais, les représentations qui sont les leurs et les attitudes qui en découlent. En outre, le passage concomitant d'un système « dur » à un système aux formes ressenties comme « molles » s'est accompagné d'une perte de repères fixes qui, en plus de nourrir certaines nostalgies, alimente les craintes d'une partie de la population face aux changements rapides auxquels le pays est confronté. Le résultat en est une dialectique articulant la sécurité à l'extérieur et les flottements à l'intérieur. Une dialectique dont on peut repérer les effets tant dans les affichages à destination de la scène internationale (« Un peuple grand et ambitieux rejoint l'Union européenne[3] ») que dans les manifestations intérieures d'un sentiment d'insécurité, qu'il soit lié à des facteurs objectifs (inquiétude des 18 % de la population active employés dans l'agriculture ; craintes pour l'emploi dans un pays où le taux de chômage est, fin 2003, de 19 %) ou subjectifs (les risques de dilution d'une identité polonaise dans un ensemble européen, occidental ou mondialisé). C'est à cette dialectique qu'on peut attribuer la montée des populismes, mais aussi une certaine stabilité, souvent due, là encore pour une partie de la population, à l'ennui ou au désespoir. Et ce, malgré les incontestables réussites enregistrées depuis la chute du communisme.

Le paysage sociopolitique polonais d'après 1989, pour issu qu'il soit de procédures démocratiques, a été également façonné par une

---

3. Déclaration du président Kwaśniewski, *Le Monde*, 10 juin 2003.

certaine mémoire du passé, d'où une profonde fracture entre « post-Solidarité[4] » et « postcommunistes ». Et s'il revient à un conflit de mémoire d'organiser le politique, sur la base de cette fracture, la tension qui en résulte structure en revanche fort peu la société elle-même, qui s'est très vite mise à fonctionner selon d'autres modalités (essentiellement le marché, mais aussi la démocratie, en ce qu'elle implique la conscience de la nécessité de consentir à des transactions).

Comme l'écrivait dès 1993, dans *Gazeta Wyborcza*, le sociologue Wnuk-Lipinski, « la transformation a notamment pour effet, pour une majorité de la société, que la nouvelle réalité sociale cesse d'être compréhensible dans des catégories rationnelles. Cette réalité est perçue d'un côté à travers des catégories formées et opérationnelles dans l'ancien système et de l'autre à partir d'une image mythologique de l'Occident. Dans les deux cas, une telle rationalité des attitudes et des comportements ne survit pas à la confrontation avec le réel[5]. »

Dans les années 1989-1993, l'essentiel du débat politique a ainsi tourné autour de questions (l'avortement, le catéchisme à l'école, la place des valeurs chrétiennes dans les médias, la nature laïque ou chrétienne de l'État, le statut juridique de l'Église, ou encore le divorce) qui, pour secondaires qu'elles pouvaient paraître, au regard de l'immense tâche de reconstruction politique et économique devant laquelle se trouvait le pays, n'en étaient pas moins essentielles. Elles permettaient de fait aux différents acteurs de la scène polonaise de se situer par rapport à sa pluralisation en cours.

C'est dire combien le fossé ne pouvait que se creuser entre scène politique et société. Sur la première, le conflit de mémoire

---

4. « Post-Solidarité » désigne l'ensemble des formations se réclamant de l'héritage du syndicat Solidarité (apparu à l'issue des grèves de 1980 et contre lequel le pouvoir avait proclamé l'état de guerre le 13 décembre 1981). Ces formations sont issues de l'éclatement, visible dès l'élection présidentielle de 1990, d'un mouvement dont l'homogénéité découlait de l'existence d'un adversaire commun, le système de type soviétique.
5. Voir Edmund Wnuk-Lipinski, *Demokratyczna rekonstrukcja z sociologii radykalnej zmiany spolecznej*, Varsovie, PWN, 1996.

maintenait le débat dans un espace balisé par des catégories dépassées, alimentait quelques extrémismes et empêchait, par ailleurs, qu'interviennent les recompositions induites par la logique de l'évolution polonaise. La seconde se caractérisait, quant à elle, par une certaine lassitude devant une pratique politique qui ne faisait guère sens pour elle.

On a pu avancer[6] que le paysage polonais d'après 1989 résultait d'une triple tension : une polarité Solidarité/communisme construisant une scène dont le caractère fictif ne faisait pas de doute mais qui constituait l'espace où pouvait se cristalliser le débat politique ; une deuxième polarité (modernité/tradition) susceptible d'apparaître socialement plus signifiante, mais dont le sens était largement perverti par les acteurs politiques plaquant sur elle, avec des orientations évidemment contradictoires, des contenus tirés de la polarité Solidarité/communisme ; une troisième (pluralisme/identité), enfin, sans doute la plus lourde de signification, mais aussi la moins immédiatement « visible », dans la mesure où ce qu'elle faisait intervenir comme recompositions potentielles aurait supposé, pour fonctionner complètement, que soit une fois pour toutes rejetée, comme obsolète, la première tension.

C'est à ce rejet qu'on a finalement assisté le 23 septembre 2001, les Polonais élisant un nouveau Parlement où la tension « postcommunistes *versus* post-Solidarité » disparaissait en même temps que le second de ses deux pôles : l'AWS, qui avait pourtant obtenu 33,8 % des suffrages quatre ans plus tôt, en 1997. Les sociaux-démocrates polonais (SLD), associés à l'Union du travail (UP), ont, quant à eux, gagné les législatives avec 41,04 % des voix, ce qui constitue une victoire sans précédent dans l'histoire de la Pologne. Avec un taux de participation très faible (46 %), il est clair que ce sont les électeurs des partis de droite qui ont fait défaut à leur famille politique. Le résultat, c'est que les grandes figures historiques de l'opposition

---

6. Voir Patrick Michel (dir.), *L'Europe médiane. Au seuil de l'Europe*, Paris, L'Harmattan, 1997.

intellectuelle au communisme, tels Tadeusz Mazowiecki ou Bronislaw Geremek (UW), ont quitté la scène parlementaire[7]. Cet effondrement électoral du camp post-Solidarité, qui s'inscrit dans un processus engagé bien avant, attesté notamment par le succès des postcommunistes aux législatives de 1993 et aux présidentielles de 1995 et de 2000, signe la fin de l'« ère Solidarité »[8].

Mais si cette disparition de la scène parlementaire ouvrait la voie à un nouveau paysage politique, c'est sur fond de permanence d'une distance sociale au politique et du questionnement d'une spécificité polonaise supposée irréductible, deux phénomènes qui ont largement caractérisé l'évolution du pays dans les années qui ont suivi 1989. Cette évolution pouvait par ailleurs être expliquée par l'effondrement simultané de trois mythes, chacun d'entre eux participant d'un registre de temps différent : le mythe de Solidarité, dans le temps court, le mythe du politique enchanté, dans le temps « moyen », le mythe romantique de la nation polonaise, enfin, dans le temps long[9].

Dans cette perspective, l'analyse des évolutions politiques est inséparable d'une interrogation sur le rapport même au politique de la société polonaise, d'une part, et sur la poursuite d'un processus d'européanisation des mentalités, où continuerait à se dissoudre progressivement la croyance en une Pologne « élue », en charge d'une « mission », d'autre part. De ce point de vue, la quasi-coïncidence dans le temps entre les législatives de 2001 et l'affaire de Jedwabne[10] n'est en rien anodine.

---

7. Au grand regret de nombre d'observateurs ou d'acteurs de la scène polonaise. Avant même que les résultats définitifs ne soient tombés, Adam Michnik déclarait s'inquiéter de ce que, « sans Tadeusz Mazowiecki et Bronislaw Geremek au Parlement, la politique polonaise serait appauvrie, qualitativement et moralement » (www.gazeta.pl).

8. Le très faible score de Lech Walesa aux présidentielles de 2000 avait constitué un énième indice symbolique de l'état d'avancement de ce processus, même si ce constat n'épuise pas l'analyse que l'on pourrait faire de l'échec électoral de l'ex-président et ex-leader du mouvement de 1980.

9. Cette approche a été développée dans Marcin Frybes et Patrick Michel, *Après le communisme. Mythes et légendes de la Pologne contemporaine*, Paris, Bayard, 1996.

10. En 1941, 1 600 juifs de Jedwabne ont été massacrés par leurs concitoyens chrétiens. Le massacre, révélé par un livre de l'historien Tomasz Gross paru en 2000, a suscité une véritable onde de choc en Pologne et d'intenses polémiques.

« Durant quarante ans, notait Ireneusz Krzeminski en 1993, les Polonais se sont repliés sur eux-mêmes. Ils ont ruminé leurs aigreurs et fait taire leur xénophobie. Maintenant que le couvercle du communisme est levé, cette société construite sur l'antagonisme du bien et du mal ne sait plus à qui reprocher son mal-être. Alors elle s'en prend aux plus faibles [...] : les homosexuels, les prostituées, les Tsiganes, les alcooliques, les séropositifs et, loin derrière, les juifs[11]. »

Les Polonais, qui s'éprouvaient comme ayant été, durant la Seconde Guerre mondiale, de pures victimes du totalitarisme nazi, ont dû se confronter à l'idée que la ligne de partage entre le bien et le mal n'était pas aussi aisément identifiable. Cette confrontation, traumatisante, n'est pas sans avoir suscité de vives réactions, allant jusqu'au refus de l'évidence. Que la Pologne soit une nation comme les autres ne va pas nécessairement de soi...

La campagne de 2001, dont les résultats conduisent donc à tourner simultanément la page du communisme et de Solidarité, de post-Solidarité et du postcommunisme, s'est déroulée dans un climat social très différent des précédentes. Jan Krauze a pu en parler comme d'une « campagne qui s'est épuisée dans une ambiance de résignation générale[12] ».

Alors que deux ans auparavant 87 % des citoyens polonais estimaient que la participation électorale constituait un « devoir envers l'État » (sondage OBOP), le taux de fréquentation des bureaux de vote témoigne du faible engagement de la société, bien que toutes les autorités du pays aient appelé à participer au scrutin.

Ainsi l'Église catholique, et par deux fois. Résolument aux côtés de la droite issue de Solidarité dans le passé, l'épiscopat, sans citer nommément le SLD, a stigmatisé dans une lettre aux fidèles « un parti qui renoue avec la tradition idéologique propre à un parti communiste » et qui annonce la levée de l'interdiction de l'avortement.

11. Cité dans « À l'Est le sida », Le Nouvel Observateur, 5 mai 1993.
12. Jan Krauze, « La gauche postcommuniste s'apprête à exercer la totalité du pouvoir en Pologne », Le Monde, 23 septembre 2001.

« Une société catholique ne peut soutenir un parti déclarant ouvertement son intention d'instaurer une législation qui viole le droit fondamental à la vie », a proclamé la Conférence épiscopale dans sa lettre, lue dans toutes les églises de Pologne[13]. Les évêques ont souligné que, « dans les pays démocratiques, les catholiques passent un examen éthique au moment où il leur faut clairement distinguer entre le bien et le mal, sans se borner à une vision purement politique ou économique de l'État ».

Malgré ces appels à la mobilisation, et pour la première fois, les catholiques pratiquants – très nombreux en Pologne[14] – ne se sont pas déplacés plus que le reste de la société. Selon le sociologue Tomasz Zukowski, ces catholiques pratiquants « étaient désorientés. Il leur était beaucoup plus difficile de choisir qu'en 1997, lorsqu'ils disposaient d'une formation représentant en même temps les radicaux et les modérés[15]. »

Depuis une dizaine d'années domine en fait un électorat mouvant qui ne se sent pas lié à des personnalités ou à des groupes précis. Tant les changements politiques que les conflits de personnes rendent le choix des électeurs difficile. Les commentateurs s'accordent à souligner la quasi-impossibilité de prévoir le résultat des élections en Pologne, du fait du caractère inconstant de l'électorat et de son absence de vision politique globale. Le pays est certes doté de deux

---

13. *Tygodnik Powszechny*, 23 septembre 2001, p. 2. L'Église catholique de Pologne était, jusqu'alors, restée discrète à propos des élections parlementaires, demandant simplement aux fidèles de soutenir les candidats « respectueux des valeurs chrétiennes », tout en remarquant que le programme d'un des partis contenait des propositions non conformes à l'enseignement de l'Église sur la légalisation de l'avortement et sur l'homosexualité. Selon Michal Wojciechowski, un professeur de théologie qui répondait aux questions de *Rzeczpospolita*, le 27 septembre 2001, il n'y avait toutefois rien de bien concret derrière cet appel. Les médias catholiques et les homélies prononcées en chaire ne fournissaient guère d'informations sur les programmes des partis et des candidats. Les électeurs ne savaient pas si des catholiques de leur ville ou de leur campagne étaient candidats aux élections. Selon Wojciechowski, et compte tenu de « la domination des tendances laïques et de gauche dans les médias », il était légitime de donner ce genre d'informations dans les églises comme c'était le cas pendant l'époque communiste. « Cela ne devrait étonner personne », affirmait le théologien.

14. De 47 à 50 % des catholiques (soit environ 92 % de la population globale) assistent régulièrement à la messe dominicale (*Tygodnik Powszechny*, 21 janvier 2001).

15. Voir M. Janicki, W. Wladyka, « Kto wpuscil Leppera », *Polityka*, 6 octobre 2001, p. 5.

millions d'entreprises et de cinq millions d'utilisateurs d'Internet. Mais 76 % des Polonais éprouvent des difficultés à comprendre des informations aussi élémentaires que celles fournies par la météo ou encore les horaires de bus ou de trains[16]. Que dire alors des programmes politiques ?

Plusieurs enquêtes montrent que l'image que se forme le Polonais moyen de tous les hommes politiques, image renforcée par les scandales qui ont émaillé l'évolution polonaise depuis 1989, est celle d'individus corrompus et malhonnêtes[17]. Une étude conclut qu'aucun parti politique ne fait l'objet d'une évaluation positive[18]. Une autre atteste la stabilité de la perception des conflits depuis 1992 : en décembre 1999, 76 % estimaient ainsi qu'il y avait bien un conflit fort entre les ex-communistes et Solidarité, mais 69 % s'accordaient par ailleurs sur l'existence d'un conflit entre gouvernants et gouvernés, 59 % entre riches et pauvres, 30 % entre la ville et la campagne[19]. De plus, alors que les Polonais font souvent volontiers état de leur désir d'un dirigeant « fort », capable de faire de l'ordre dans la « démocratie », 90 % pensent qu'il faut faire preuve de beaucoup de prudence dans les contacts avec les autres[20].

Pour sa part, le président Kwaśniewski estime que cette distance au politique résulte « de la construction même d'une pensée sur l'État, le pouvoir et la société. Il s'agit avant tout de la conviction d'avoir une mission. Nous pouvons d'ailleurs, ajoute-t-il, reconstruire cette pensée, en en énumérant quelques principes : nos valeurs ont une supériorité absolue sur les autres. Si je fais quelque chose, je le fais au nom de Dieu et de tous les saints. Tout contact avec les gens est donc superflu, et une décision, quelle qu'elle soit, bonne ou mauvaise, ne requiert aucun débat [...]. Cette pensée et l'action qui

---

16. *Wprost on line*, 28 septembre 2001.
17. « Le SLD vole comme les autres », a-t-on pu entendre dire du parti qui venait pourtant de remporter les élections...
18. CBOS (123), 1999.
19. CBOS (10), 2000.
20. Miroslawa Marody, « Kredytow nie udzielamy », *Tygodnik Powszechny*, Cracovie, 8 avril 2001, n° 14, p. 1.

en découle ont amené le pouvoir et les partis à un état d'arrogance absolue ; et ceux à qui ces mots et cette politique étaient destinés à les rejeter totalement[21]. »

Une telle analyse participe de la mise en évidence de l'achèvement d'une période. Les possibilités d'utilisation de certaines ressources symboliques n'existent plus. Le plus haut dignitaire catholique du pays, le primat Glemp, a souligné à maintes reprises que « Solidarité, qui s'est formé dans notre pays, constitue aujourd'hui comme une vertu qui doit se diffuser dans toutes les sociétés, particulièrement dans le contexte d'une Europe commune[22] ». Mais un tel discours apparaît profondément déphasé aujourd'hui, à un moment où non seulement Solidarité a disparu, mais où son héritage même apparaît en proie à une crise d'identité.

Commentant, avec davantage de distance, les résultats des législatives polonaises, Timothy Garton Ash, universitaire britannique spécialiste de l'Europe centrale, déclarait y voir fondamentalement, quant à lui, outre la fin de la « transition », une « victoire de l'alternance démocratique[23] ». On a pu dire, dans la même perspective, qu'« il n'y [avait] pas lieu de parler d'échec de Solidarité (aux législatives de 1993 ou aux présidentielles de 1995), sauf à évoquer dans le même mouvement le succès de Solidarité que, paradoxalement, cet échec attestait[24] ».

Cela étant, ni la crise du politique, de la participation ou de la représentation, ni l'existence d'un vote protestataire ne sont le propre de la Pologne. Ces données s'inscrivent dans un ensemble de recompositions à l'œuvre aujourd'hui dans l'ensemble de l'Europe. La crise de la droite polonaise renvoie, elle aussi, à des redistributions qui dépassent les frontières du pays. « Comment peut-on être

---

21. « Rozmowa z prezydentem Aleksandrem Kwasniewskim, Mniejsza wiekszosc », *Polityka*, 29 septembre 2001, p. 8.
22. KAI, 28 juin 1996.
23. Timothy Garton Ash, lors de son intervention à la « Rencontre du CERI », *Nouvelle Donne en Pologne : le paysage politique après les élections*, Paris, CERI-FNSP, 26 septembre 2001.
24. Patrick Michel (dir.), *L'Europe médiane. Au seuil de l'Europe, op. cit.*

conservateur en Pologne ? » s'interrogeait ainsi Garton Ash, avant d'observer que « la démocratie chrétienne avait disparu en Italie, était en crise en Allemagne, tandis que la situation du parti Tory en Grande-Bretagne apparaissait digne d'un film des Monty Python[25] ».

Le fait que la Pologne participe d'évolutions en cours dans l'ensemble de l'Europe, devenant ainsi un pays « normal », est attesté, non seulement par la distance au politique, mais aussi par l'évidence d'une crise identitaire et par le brouillage des frontières entre privé et public. Le réflexe qui consiste à gérer la mise en flottement des critères d'ordre identitaire hier encore tenus pour pertinents par l'enfermement dans de petites niches construites *ad hoc* et les tentatives de reconstruction de la sphère publique selon les critères en vigueur dans la sphère privée ne sont, là aussi, pas propres à la seule Pologne. Sans parler de la montée d'un certain populisme, qui témoigne de l'absence d'espoir placé dans cette sphère publique.

La « normalité », le Premier ministre issu des législatives de 2001, Leszek Miller, s'était engagé à l'offrir aux Polonais. Il s'agissait, selon lui, d'une économie qui se développe « normalement ». L'explication a semblé suffisamment obscure pour que *Newsweek Polska* se risque à en inventorier le contenu. La « normalité », ce serait donc « des postes de travail, des augmentations, une nouvelle voiture tous les quatre ans, un second ordinateur à la maison pour les enfants, un caddie plein à la sortie du supermarché et l'aide sociale pour ceux qui ne savent pas comment financer ce bien-être[26] ». On notera que ces « valeurs » réduisant la « normalité » aux seuls critères de bien-être matériel sont là aussi communes à toutes les sociétés européennes, ou plus largement occidentales, et n'ont bien sûr plus rien à voir avec celles d'une société qui s'appliquait à se libérer du communisme ou qui s'efforcerait de définir une « troisième voie ».

---

25. *Nouvelle Donne en Pologne...*, *op. cit.*
26. *Newsweek Polska*, 30 septembre 2001, p. 10.

Les jeunes Polonais ont, quant à eux, pris quelque distance par rapport au modèle de modernisation libérale, ce qui s'explique sans doute par les difficultés objectives pour trouver une place sur le marché de l'emploi, mais aussi par le repliement sur certaines valeurs.

Le Centre d'études de la presse a effectué différentes enquêtes auprès des Polonais sur la signification des mots et leur potentiel émotionnel, moral, esthétique... La dernière de ces études, réalisée fin 1999, liste, comme les plus riches en valeur, par ordre décroissant, les mots amour, famille, accord, liberté, justice, tolérance, santé, travail, honnêteté, foi, patrie, science, protection, vérité, sécurité et égalité. Les moins riches en valeur sont mensonge, corruption, dictature, jalousie, anarchie, avortement, laideur, censure, combat, cléricalisme, lustration, capital étranger, élite, socialisme et érotisme.

Entre 1991 et 1999, alors que la « cote » des mots « dignité » et « honneur » passait de 46 % à 19 %, les mots « capital étranger », « privatisation », « réforme » devenaient de plus en plus désagréables aux oreilles polonaises[27]. C'est là l'indice d'un changement de perception de la figure du businessman. D'abord glorifiée, cette figure fait l'objet de violentes critiques visant à contester un système où tout semble faux et opaque. Et ces critiques portent autant sur le politique que l'économique : dans les deux cas, l'argent apparaît corrompu, et toute « réussite » suspecte.

Il y a là refus de la sphère publique tout court, attesté par le repliement sur la famille ou les relations amicales, et renforcé par une forte méfiance à l'égard de toute totalisation, ce qui se traduit par une distance à l'égard de toute autorité. Une distance dont l'Église est victime au même titre que toutes les autres autorités.

Ainsi, dans les grandes villes, moins de 30 % des jeunes ont une pratique religieuse et plus de la moitié se tiennent en dehors de toute influence ecclésiale. 60 % des jeunes disent certes être croyants, mais cela représente une baisse de 30 % par rapport à la fin des années

---

27. Walery Pisarek, « Słowa na transparenty », *Tygodnik Powszechny*, Cracovie, 8 octobre 2000, n° 41, p. 3.

1980. Les jeunes affirment préférer écouter leur propre conscience qu'obéir aux normes catholiques. 70 % des filles et 66 % des garçons acceptent la contraception (contre respectivement 35 % et 46 % en 1988). Plus de 60 % considèrent comme normal d'avoir des rapports sexuels avant le mariage[28].

« Un chômage tragique, une économie sinistrée, des dirigeants politiques corrompus et arrogants au passé suspect, une société fatiguée de vivre et occupée à lutter pour sa survie, une vie politique qui se résume à des règlements de comptes mafieux, de la pauvreté, de la frustration, une richesse ostentatoire, de la mendicité, la vie au jour le jour et un manque total de perspectives d'avenir. » C'est sur la base de ce diagnostic amer que, pour l'écrivain Andrzej Stasiuk, « comme [son] pays n'arrive pas à trouver sa place en Europe, il occupe l'Irak[29] ». Une telle analyse, très minoritaire, a valu à son auteur de violentes attaques de la part de ses compatriotes[30].

Un point est sûr : la Pologne aspire à être en Europe. Tout en déclarant haut et fort qu'elle n'a pas à y entrer, puisqu'elle en a toujours été membre. Ce qui ne l'empêche pas, simultanément, de se plaindre d'en avoir été exclue. Et, par ailleurs, de redouter, en y adhérant, d'y perdre son identité.

La question de l'intégration européenne n'a en fait jamais été vraiment débattue en Pologne, ne mobilisant guère que les élites et les mécontents, tels les agriculteurs. Un consensus très fort a attribué à cet horizon, depuis le passage à la démocratie, un statut qui lui a valu de transcender l'essentiel des clivages politiques (la même remarque pourrait d'ailleurs être formulée à propos de l'OTAN, l'entrée dans celle-ci ayant, il est vrai, été perçue par les Polonais comme une étape importante sur la voie de l'Europe).

---

28. Tomasz Potkaj, « Kosciol nie jest cool », *Tygodnik Powszechny*, 22-29 décembre 2002, n° 51-52, p. 13.
29. « Ubu s'en va-t-en guerre », *Courrier international*, 26 juin 2003, p. 56.
30. Voir la réaction de Maciej Rybinski, chroniqueur de *Rzeczpospolita*, *ibid.*

L'adhésion de la Pologne à l'Union européenne et les conséquences concrètes prévisibles de celle-ci sont-elles susceptibles d'exacerber le sentiment plus ou moins diffus du risque de dilution dans l'Europe d'une spécificité nationale polonaise qu'il conviendrait de défendre ?

La position de l'Église apparaît à cet égard comme hautement révélatrice. Dès que la question européenne a commencé à se poser, le projet d'intégration a suscité une vive émotion au sein de l'institution catholique. Les évêques polonais n'ont eu de cesse de souligner le principe de respect des différences et le rôle particulier qu'aurait à jouer la Pologne dans une Europe unie. Ils se sont appliqués à parler d'une seule voix, en se référant au pape, partisan décidé de l'adhésion polonaise, sans parvenir pour autant à dissimuler les divergences entre pro- et anti-européens au sein de la Conférence épiscopale ; et les clivages croissants au sein d'un paysage catholique pluralisé, allant de la dénonciation par la mouvance de Radio Marya (deux millions d'auditeurs) de « l'Europe de Sodome et Gomorrhe » à l'appel de Jean-Paul II : « La Pologne a besoin de l'Union européenne et l'Union européenne de la Pologne[31]. » On soulignera au passage que la question européenne est abordée prioritairement dans le cadre des relations polono-allemandes, comme l'atteste la *Lettre commune des évêques polonais et allemands* de 1995. Les rapports entre la Pologne et son voisin occidental demeurent au cœur des préoccupations de la géopolitique polonaise, qu'elle soit religieuse ou d'État.

Le primat de Pologne ne fait – c'est un euphémisme – guère confiance à l'Occident. Mgr Glemp représente en fait un nationalisme chrétien qui s'applique à lier catholicisme et identité nationale et prône, sur le plan économique, l'idée d'une « troisième voie ». Il ne s'est jamais opposé à l'intégration mais ne cesse d'évoquer les conditions que les pays occidentaux, accusés de mépriser la Pologne et les Polonais, doivent garantir : « Il existe en Occident une certaine

---

31. *Le Monde*, 10 juin 2003.

stratégie visant non seulement la Pologne mais toute l'Europe centrale, une volonté d'appauvrir ces pays sur le plan économique et
spirituel afin de favoriser une sorte de néocolonialisme économique
et de les subordonner idéologiquement[32]. »

C'est là une formule dans laquelle pourraient se reconnaître
nombre de partisans et d'électeurs de formations populistes, de
Samoobrona au LPR. Aujourd'hui, maints Polonais se disent menacés
par les « autres civilisations ». Au premier chef, bien évidemment,
par un modèle occidental accusé de remettre en cause les valeurs
fondamentales d'une supposée tradition polonaise. Il n'est de ce
point de vue pas neutre que de vifs débats se soient engagés autour
d'un des objets les plus symboliques de l'Occident, à savoir les hypermarchés. L'Église a ainsi soutenu avec détermination un amende-
ment au Code du travail interdisant tout commerce le dimanche, à
l'exception de l'alimentation. Il s'agissait, sous couvert de défendre
le droit des personnels au repos dominical, de tenter de mettre un
terme à la mode, répandue ces dernières années en Pologne, de passer le dimanche en famille dans de grands centres commerciaux. Le
président Kwaśniewski y a opposé son veto[33].

D'un autre côté, la conviction que l'islam ferait peser une
menace sur la civilisation de l'Europe chrétienne se répand.
J. M. Nowakowski, ex-conseiller de l'ancien Premier ministre
J. Buzek, a déclaré dans *Zycie* qu'il fallait « revenir aux sources de la
civilisation occidentale – la chrétienté, le droit romain, le personna-
lisme » et qu'on ne pouvait « rester dans du relativisme[34] ». Une formule à rapprocher de celle du primat Glemp qui, prenant la parole
le 15 septembre 2001 dans le cadre d'un séminaire sur la démographie à Varsovie, mettait en garde son auditoire contre « un vide
démographique » qui risquerait d'être comblé par des musulmans

---

32. J. Glemp, « Trudny pokój », SPP, Varsovie, 15 septembre 1995.
33. Selon certains experts, la suppression du commerce le dimanche coûterait environ
16 000 emplois (AFP, 12 octobre 2001).
34. *Zycie*, 18 septembre 2001.

(le nombre de musulmans vivant en Pologne est estimé à 5 000 environ) : « Peuvent aujourd'hui entrer en Pologne ceux contre lesquels nous défendait Jean III Sobieski. Or nous ne voulons ni d'une autre culture ni du terrorisme[35]. » S'exprime là la quintessence du nationalisme catholique du primat Glemp.

D'autres membres de l'épiscopat polonais ont fait preuve de plus de retenue dans leurs commentaires des événements du 11 septembre 2001. L'évêque T. Pieronek, ex-porte-parole de l'épiscopat, a ainsi souligné le 7 octobre 2001 dans *Wprost* que « le terrorisme ne se limite à aucune religion et à aucune civilisation[36] » et qu'une « guerre contre l'islam » ne constitue en rien une solution : « Jamais on n'est parvenu à achever un conflit par la force. » Mgr Pieronek a mis l'accent sur le développement de la haine en Pologne, une haine accentuée par les conflits autour d'Auschwitz, de Jedwabne, de diverses décisions politiques ou économiques. Il faut, concluait-il, « fonder la sécurité sur la justice[37] ».

L'inquiétude concernant le devenir d'une identité polonaise confrontée au triple risque de l'intégration européenne, de l'absorption par l'Occident et d'un supposé « choc des civilisations » ne pouvait qu'être avivée par les dissensions entre les États-Unis et la « vieille Europe » à propos de l'Irak. L'alignement du gouvernement polonais sur les positions américaines – stigmatisé par la presse allemande, dénonçant l'« âne de Troie » des Américains en Europe (bien que ce soit sur la France que se sont reportées les rancœurs polonaises) – vaut certes à la Pologne de s'éprouver comme une puissance qui compte, mais au prix d'un malaise que les déclarations sur le caractère inacceptable, aux yeux de Varsovie, d'une Europe à deux vitesses ne sont guère en mesure de dissiper.

---

35. *Polityka*, 29 septembre 2001.
36. *Wprost*, 7 octobre 2001, p. 70.
37. *Gazeta Wyborcza*, www.gazeta.pl, PAP, 11 septembre 2001.

Chapitre 2
RÉPUBLIQUE TCHÈQUE ET SLOVAQUIE :
L'HISTOIRE, PRODUIT DE CONSOMMATION
Antoine Marès

Les Slovaques se sont prononcés en mai 2003 à 92,46 % (contre 6,20 %) en faveur de leur entrée dans l'Union européenne, établissant alors un record d'euro-enthousiasme, mais avec une participation assez modeste de 52,15 %. Les Tchèques leur ont succédé en juin, avec seulement 77,33 % de réponses favorables contre 22,67 % de votes négatifs, pour une participation de 55,21 %. Ces chiffres[1] traduisent deux réalités : en dix ans, Tchèques et Slovaques ont connu un développement divergent, sur les causes duquel il faut revenir ; ces résultats révèlent par ailleurs une réalité peut-être moins univoque qu'il n'y paraît au premier abord.

Le « divorce de velours »

La séparation slovaco-tchèque a fait l'objet de nombreuses analyses[2], mettant en avant des héritages divergents, des obstacles constitutionnels, des intérêts économiques et politiques différents, la monopolisation ici et là de la décision entre les mains de la classe politique émergente et des médias. De notre point de vue, nous en retiendrons deux éléments majeurs : la sous-estimation par les Tchèques sur le long terme, au sein de l'expérience étatique commune vécue depuis

---

1. Pour une consultation commode : www.robert-schuman.org/oee/calendrierelections/.
2. En français, on retiendra l'analyse de Jacques Rupnik, « Un bilan du divorce tchéco-slovaque », *Critique internationale*, n° 2, janvier 1999, p. 91-115 ; voir aussi *La Nouvelle Alternative*, vol. 18, n° 58, printemps-été 2003, avec un excellent dossier coordonné par Étienne Boisserie et intitulé « Slovaques et Tchèques réanalysent leur séparation ».

1918, de la spécificité slovaque et le déficit démocratique qui a marqué cette séparation, puisque aucune consultation nationale n'a été menée pour confirmer ou infirmer le choix fait par la classe politique. L'ensemble des données dont on dispose aurait pu déboucher sur le résultat paradoxal d'un désaveu, au moins partiel, de la création de deux États séparés. Il est rarissime, voire unique, dans l'histoire européenne contemporaine d'être placé dans une telle configuration politique.

La question reste aujourd'hui de savoir si cette partition a répondu à la situation particulière du début des années 1990 ou s'il s'agit d'un clivage définitif. La réalité se situe vraisemblablement à mi-chemin : le prurit nationaliste a été amplifié après la « révolution de velours » par le recouvrement de la liberté consécutif à la sortie du bloc soviétique. L'exemple de l'indépendance slovène et croate, encouragée par la République fédérale allemande, a également joué un rôle d'accélérateur, d'autant que, à la différence de la Yougoslavie, la Tchécoslovaquie pouvait négocier pacifiquement son dédoublement au cours de la seconde moitié de l'année 1992. La République tchèque et la République slovaque venaient donc au monde le 1er janvier 1993 sans enthousiasme, mais sans grands soubresauts.

Outre les maladresses commises de part et d'autre et l'incapacité à se mettre d'accord sur une forme de coexistence commune, les divergences socio-économiques rapides entre les deux parties de la République ont amplifié le sentiment tchèque que la Slovaquie constituerait un boulet dans la course à l'Europe qui s'engageait alors. Que faire en effet de cette industrie d'armement obsolète qui constituait l'épine dorsale de la modernisation économique de la Slovaquie ? Comment gérer un chômage massif ? Comment attirer des capitaux étrangers qui se révélaient décisifs dans la transformation de l'économie nationale ? Ces problèmes poussaient en effet à la partition.

Enfin, les politologues soulignèrent rapidement les réactions divergentes de l'opinion publique en termes politiques. Les mentalités électorales, les représentations politiques étaient assez sensiblement différentes en Slovaquie et en pays tchèques : cela tenait à une vision spécifique du passé dans les deux parties de la République, mais aussi à la permanence de certains « réflexes », comme si les traditions de l'avant-communisme n'avaient pas totalement disparu.

On notera toutefois que les motifs cachés de cette « séparation de velours » n'ont pas eu les résultats escomptés – puisque les deux États ont finalement adhéré à l'OTAN et que leur entrée dans l'Union européenne se fait dans la même vague. Comment ne pas souligner en outre que la sympathie et la proximité entre Tchèques et Slovaques demeurent très fortes malgré la naissance des deux États, et même si les acteurs de la partition s'en sont félicités à l'occasion de son dixième anniversaire en janvier 2003 ?

Face à l'Europe ?

Ici encore, l'idée initiale de « retour en Europe » si fortement revendiquée par les Centre-Européens « kidnappés » par Moscou[3] s'est complexifiée au cours des quinze années passées. Les responsables occidentaux n'en ont pas pris la mesure, en ignorant en particulier que l'occidentalité centre-européenne s'est nourrie de toutes les expériences douloureuses du XXe siècle. Si Berlin, Vienne, Paris ou Londres ont été à des moments divers des capitales politiques ou culturelles des Européens de l'« entre-deux-meules » pris entre les pressions germanique et russo-soviétique, l'Amérique du Nord, une de leurs terres d'émigration privilégiée à partir des années 1880-1890, est devenue aussi constitutive de leur identité. L'« oncle d'Amérique » est chez eux une réalité concrète, qui a été renforcée par toute une culture nord-américaine intégrée dès l'enfance sans que la

---

3. Voir la vision de Milan Kundera telle qu'il l'exprimait en 1983 dans la revue *Le Débat*.

culture soviétisée ait pu la faire disparaître[4]. De plus, le mythe d'une Amérique salvatrice[5] a été réactivé par l'effondrement du bloc soviétique, dont Ronald Reagan est crédité. *A contrario*, le souvenir des accords de Munich de septembre 1938, l'immobilisme de l'armée française derrière la ligne Maginot entre septembre 1939 et le printemps 1940, la présence du géant allemand recomposé, les déchirements de l'Europe du Sud-Est dans les années 1990 ont contribué à renforcer la conviction que le plus sûr garant de la sécurité reste l'attachement à l'Amérique du Nord. Sans parler de la fascination pour la culture américaine qui se traduit par l'omniprésence de son cinéma sur les écrans ou les comptes rendus télévisés systématiques des championnats nord-américains de hockey sur glace ou de basket-ball.

On notera toutefois que cette conviction largement partagée par les élites au pouvoir ne l'est pas autant, et de loin, par les opinions publiques. De ce point de vue, la première guerre en Irak en 1991, le bombardement de l'ex-Yougoslavie au printemps 1999, la seconde guerre d'Irak du printemps 2003 ont été des épreuves qui ont révélé un décalage certain entre pouvoir et citoyens, décalage que l'on retrouve à propos de l'Europe.

Plus on est instruit, plus on est urbain, plus on accepte les perspectives européennes ; plus on est rural, moins la formation est de haut niveau, moins on est attiré par l'Union européenne et plus on se méfie d'elle. Un constat, faut-il le rappeler, qui n'a rien de spécifique à l'espace tchéco-slovaque.

Comme l'a rappelé récemment Jacques Rupnik[6] en analysant l'impact du conflit irakien sur l'élargissement, tout cela est à l'origine de nombreux « malentendus », eux-mêmes alimentés par des « peurs

---

4. Sans parler d'une réactivation régulière à travers des figures américano-tchèques : Madeleine Albright, fille du diplomate tchécoslovaque Josef Korbel exilé en 1948 et secrétaire d'État de Bill Clinton, a joué ce rôle. Il a même été question, fugitivement, d'en faire un éventuel successeur de Václav Havel à la tête de la République tchèque.
5. On oublie bien sûr le repli isolationniste des États-Unis à partir de 1920 et le partage consécutif à la fixation de la ligne de démarcation entre les troupes soviétiques et américaines en avril 1945.
6. *En temps réel*, cahier n° 8, avril 2003.

en miroir ». Aux yeux des Tchèques et des Slovaques, l'Europe apparaît davantage comme un espace de prospérité que comme un projet politique. La centralité de la puissance nord-américaine en fait le seul garant crédible de la sécurité. Est-il nécessaire de souligner que cette image est très largement le reflet de la propre conception des responsables européens et du marchandage dans lequel ils se sont lancés avec les pays demandeurs ? Aucun souffle politique, des atermoiements, des craintes (parfois justifiées, mais débouchant sur une timidité stérilisante), parfois au contraire des attitudes proconsulaires, une absence de modèle socio-économique clair (« rhénan » ou néothatchérien), une incapacité à mener une politique étrangère ou militaire commune sont autant d'éléments qui ont favorisé ce penchant nord-américain...

S'agit-il d'épiphénomènes liés à une négociation difficile ou d'un clivage plus radical entre « vieille » et « nouvelle » Europe ? Tchèques et Slovaques (comme d'autres) jouent-ils le rôle de cheval de Troie des Américains en Europe ? Ou bien est-ce la logique du faible au fort, qui conduit le premier à s'appuyer sur un allié puissant mais lointain pour réduire les appétits de voisins potentiellement menaçants par leur seul poids démographique ou économique ? Est-ce dû au renouveau d'un libéralisme radical ?

Il est en tout cas certain qu'à travers ce débat transparaît la question de la formation des nouvelles élites et des repères qu'elles ont essayé d'imposer à leur société. Il reste à écrire l'histoire de la formation de ces élites, des rivalités qu'elle a impliquées entre Européens d'une part, entre Européens et Américains d'autre part, enfin des résultats auxquels on est parvenu.

Quelle évolution de la société ?

Les transformations des quinze dernières années constituent la toile de fond de la constitution de nouvelles références et d'un nouvel imaginaire. Le processus de privatisation arrive à son terme : la constitution d'un actionnariat populaire qui devait découler de la privatisation par coupons[7] a été un échec total, qui a par ailleurs freiné la modernisation des entreprises en privilégiant les intérêts financiers au détriment des impératifs économiques. En revanche, trois éléments ont joué en République tchèque un rôle moteur pour la transformation du pays : la petite privatisation (le commerce, l'artisanat, les services, la restauration et l'hôtellerie), les restitutions des biens confisqués aux personnes ou aux institutions (l'Église catholique notamment) après février 1948[8] et les investissements étrangers ont permis la transformation des paysages urbains, plus secondairement des paysages ruraux.

Cette « privatisation » des activités économiques a eu un impact considérable sur les mentalités et sur la différenciation sociale. La société relativement égalitaire qui répondait à une tradition tchèque ancienne a connu des clivages de plus en plus accentués. D'un côté, un groupe s'est rapidement enrichi, soit qu'il ait capitalisé ses atouts des années 1980, soit qu'il ait su saisir les opportunités d'une économie qui s'ouvrait brusquement et qui permettait aux plus entreprenants d'exercer leurs capacités ou leur astuce dans un monde où la concurrence était encore réduite ; l'acquisition de biens immobiliers, de biens culturels au début des années 1990, l'implantation sur certains créneaux commerciaux ou industriels ont permis des enrichissements spectaculaires. Des connaissances linguistiques et l'établissement de liens avec des investisseurs étrangers, la médiation entre le tissu économique local et les multinationales ont contribué

---

7. Il s'agissait de proposer à l'ensemble des citoyens un carnet d'un montant de 1 000 couronnes, qui leur permettait d'acquérir les actions de leur choix. Des agences se sont alors créées pour collecter ces coupons afin de se substituer aux apprentis boursiers désorientés, en proposant des plus-values et des intérêts faramineux. Certaines de ces agences ont finalement détourné ainsi des sommes énormes (par exemple le fonds Harvard, dirigé par Kožený) sans être jusqu'à présent sanctionnées par la justice.
8. Près de la moitié des nouvelles élites ont bénéficié de ces restitutions (voir Patrick Michel [dir.], *L'Europe médiane : au seuil de l'Europe*, L'Harmattan, 1997, p. 66-69).

à l'émergence de cette nouvelle bourgeoisie qui est venue rejoindre un groupe important de cadres communistes reconvertis.

D'un autre côté, des groupes entiers de la population ont été paupérisés. L'amertume sociale qui en a résulté ne doit pas être négligée. Les personnes âgées (qui souffraient déjà sous le régime communiste) ont subi le choc de la « modernité », de l'inflation, de l'augmentation spectaculaire de certaines charges (loyers et charges domestiques). Les jeunes qui n'ont bénéficié que d'une formation primaire ont été frappés de plein fouet par le rétrécissement de l'emploi non qualifié. En général, ouvriers et mineurs ont été touchés par la désindustrialisation, même si les délocalisations occidentales ont marginalement amorti ce choc[9]. Les Tsiganes ne disposent plus de leurs « niches » traditionnelles d'emploi et leur taux de chômage atteint 90 %. La paupérisation a également concerné les fonctionnaires : les personnels de l'éducation nationale, de l'enseignement supérieur, de la recherche publique, de la santé, de l'armée n'ont pas seulement perdu leur niveau relatif de ressources, mais aussi une part de leur prestige social.

Certains sociologues ont analysé cette situation en termes de « gagnants » et de « perdants » de la « transition », et cette réalité a eu bien sûr son pendant politique.

Ici encore, les différences ont été très sensibles en ce domaine entre la Slovaquie et les pays tchèques. La Slovaquie a connu une transformation assez semblable à celle d'autres pays de la région (la Croatie par exemple), avec un parti communiste qui s'est transformé en social-démocratie (comme en Pologne et en Hongrie), avec un nouveau parti à dominante souverainiste (le HZDS, Mouvement pour une Slovaquie démocratique) qui rassemblait lui aussi une partie des anciens communistes sous la houlette de cette forte personnalité qu'est Vladimír Mečiar, avec une démocratie chrétienne assez forte

---

9. Les multinationales implantées exigent cependant un niveau de qualification et de performance qui écarte tout un pan des anciens salariés.

et un parti nationaliste plus radical. Le HZDS a dominé la scène jusqu'en 1998, maintenant la Slovaquie dans une situation de déficit démocratique et de surenchère nationale (notamment en raison de son alliance avec le SNS, parti nationaliste) qui l'a mise au ban de l'Europe. Cette situation peut être expliquée par l'héritage historique récent (de deux décennies de rattrapage slovaque sur les pays tchèques et de certaines satisfactions nationales), par les talents de débatteur de Vladimír Mečiar, par le choc économique consécutif à novembre 1989, par la nécessité d'affirmer un jeune nationalisme étatique ou encore par un déficit provisoire d'aspirations démocratiques dans l'ensemble de la société.

La dominante socio-économique est donc demeurée étatique (malgré des privatisations qui ont pour le moins manqué de transparence) sans empêcher un fort coût social. Ce n'est qu'à partir de 1998 que la rhétorique populiste de Mečiar a cessé de fonctionner et qu'une alternance durable s'est mise en place avec le gouvernement dirigé par Mikuláš Dzurinda, hétéroclite coalition qui a jusqu'ici résisté, notamment aux législatives de 2002, faute d'alternative crédible. Ces dernières élections, tout comme le succès du référendum européen, ont montré une certaine maturité politique de l'opinion publique, même si la percée d'un populiste comme Robert Fico laisse planer un doute sur l'avenir.

Du côté tchèque s'est produit un scénario quasiment inverse à celui de la Slovaquie. Le parti communiste ayant subsisté en reniant au minimum son passé, la social-démocratie s'est développée très lentement[10]. Ainsi la force centrale de la scène politique jusqu'en 1998 est-elle demeurée l'ODS (le Parti démocratique civique) dirigé par Václav Klaus, qui a eu l'intelligence d'en faire une force très structurée en s'appuyant sur les classes moyennes (et supérieures) émergentes. Klaus a également joué la carte souverainiste, eurosceptique et libérale, se réclamant des thèses de Milton Friedmann et d'idées néothatchériennes, tout en pratiquant une politique

---

10. Le Parti social-démocrate avait fusionné avec le PCT en 1949.

économique très prudente et en repoussant des réformes qui auraient bousculé brutalement la société. Ce curieux cocktail idéologique a assuré une transition relativement douce aux Tchèques, mais il n'a fait que différer d'autant l'introduction des réformes nécessaires et provoquer la crise des années 1997-1999. Ce qui a amené la social-démocratie au pouvoir. Le jeu gouvernemental est cependant toujours très ambigu dans la mesure où, du fait de la représentation proportionnelle, les leaders socialistes – successivement Miloš Zeman et Vladimír Špidla – ont été obligés de gouverner avec la complicité de partenaires aux idées assez largement, voire diamétralement opposées (l'ODS pour Zeman, les démocrates-chrétiens et les libéraux de l'Union de la Liberté pour Špidla).

Une telle situation a rendu la scène politique très trouble. Les repères gauche-droite se sont dissous. Du coup, la fonction tribunicienne du parti communiste a pu d'autant mieux s'affirmer : à l'automne 2003, le parti communiste de Bohême et de Moravie se place en deuxième position des intentions de vote derrière l'ODS, et largement devant le parti socialiste. Le sentiment de distance à l'égard du politique est en général marqué par un abstentionnisme croissant. La corruption, l'impunité de la classe politique, le sentiment d'impuissance face à une justice déficiente contribuent à rejeter le simple citoyen vers la sphère privée. Et les jeux qui ont entouré l'élection présidentielle du printemps 2003 n'ont guère contribué à une opinion positive à l'égard du monde politique.

C'est sur cette toile de fond économique, sociale et politique que s'est reconstruit l'imaginaire collectif.

Un nouvel imaginaire

Est-il utile de rappeler que la coexistence des Tchèques et des Slovaques au sein d'un même État pendant près de soixante-quinze ans (avec l'interruption de mars 1939 à mai 1945) ne s'est que très partiellement incarnée dans une mémoire commune ? La contrainte tchécoslovaquiste de la première République, de l'immédiat après-guerre et de la période communiste n'a pas donné ce moule commun de références qu'espéraient ses fondateurs. Les communistes eux-mêmes ne partageaient pas la même mémoire de la Seconde Guerre mondiale, et l'élimination des résistants slovaques pendant la période stalinienne ne fut pas un hasard. Tchèques et Slovaques ont vécu le XXᵉ siècle en asynchronie, non seulement au sein des élites, mais aussi dans la mémoire collective. Ils ne partagent pas globalement les mêmes souvenirs historiques, ne respectent pas les mêmes héros, ne se reconnaissent pas dans les mêmes événements.

Sans oublier l'expérience différenciée du régime communiste : pour les Slovaques, le parti communiste était originellement, en 1945, très largement minoritaire, alors qu'il représentait une majorité relative au sein du système partisan tchèque. L'implantation du régime a donc nécessité une répression très forte en Slovaquie, monde encore marqué par son caractère agraire et par l'influence qu'y exerçait le catholicisme. En revanche, dans les années 1970 et 1980, la « normalisation », radicale en pays tchèques, s'est accompagnée en Slovaquie d'investissements et d'une certaine souplesse qui expliquent par ailleurs partiellement la marginalité de la dissidence slovaque.

On soulignera aussi un élément qui, à lui seul, a conduit à des perceptions déformées de la réalité slovaque : depuis le XIXᵉ siècle, les porteurs de la modernité en Slovaquie sont très proches des Tchèques, qu'ils soient protestants ou qu'ils aient été formés en pays tchèques. Ce groupe a toujours été surreprésenté au sein des élites à travers lesquelles leur pays a été vu à Prague. Ce courant tchécoslovaquiste a encore été le fer de lance de la résistance contre la scission de 1992, considérant que l'opinion publique de leur pays n'était pas mûre et qu'elle avait besoin de l'effet d'entraînement du voisin occidental. La société slovaque continue à être marquée par ce clivage entre une partie « européenne » ouverte sur l'extérieur et une partie beaucoup plus autochtoniste : la question demeure aujourd'hui de l'équilibre entre ces deux orientations, la première ayant provisoirement pris le pas sur la seconde.

Enfin, l'opinion tchèque a connu un bouleversement profond après 1968. Attachée par son histoire au socialisme, elle a alors rompu avec ses traditions et avec sa sympathie séculaire pour le monde russe et soviétique. Parallèlement, le danger allemand ne lui est plus apparu comme prioritaire, la République fédérale allemande devenant alors un modèle économique de plus en plus attractif à la lumière des découvertes rendues possibles par la mobilité accordée aux citoyens tchécoslovaques lors de la seconde moitié des années 1960. Une autre rupture mériterait une attention plus soutenue : la perte ou plus exactement le manque de volonté de maintenir des repères idéologiques classiques au profit d'un humanisme dépouillé de tout qualificatif (socialiste ou autre). Avec la normalisation, la participation à la vie politique relevait désormais de l'opportunisme ou de stratégies familiales à court terme, ce qui explique aussi la rapidité du retournement des élites communistes en 1989-1990. Dans le même temps, quelques phénomènes finalement marginaux prenaient une place disproportionnée dans ce cimetière (ce « Biafra ») de l'esprit : la voix de la dissidence était amplifiée par le porte-voix des médias occidentaux, la résistance des Églises apparaissait d'autant plus spectaculaire qu'elle succédait à bien des compromis, le courage des dissidents était d'autant plus admirable qu'ils n'étaient que quelques centaines (1 500 pour la Charte 77[11]) face à une répression qui ne cachait pas son mépris cynique des engagements contractés sur la scène internationale, notamment avec les accords d'Helsinki de 1975.

---

11. Il s'agit de la plus importante organisation de la dissidence, fondée le 1ᵉʳ janvier 1977, à la suite de la ratification des accords d'Helsinki par le Parlement tchécoslovaque. Elle a été tout d'abord dirigée par le philosophe Jan Patočka (célèbre phénoménologue et grand esprit européen), le ministre des Affaires étrangères du « printemps de Prague » Jiří Hájek et le dramaturge Václav Havel.

Ainsi, portée par une figure charismatique comme Václav Havel, la morale en tant que politique ou la politique en tant que morale est apparue en novembre 1989 comme une manifestation tout à fait originale, vierge de compromis, assurant à la Tchécoslovaquie cette aura que la Hongrie n'avait pas et que la Pologne allait rapidement perdre avec les errements de Lech Walesa. Sur le plan intérieur, les Tchèques disposaient d'une double référence : Václav Havel incarnait la résistance au communisme, le triomphe du verbe juste sur le pouvoir arbitraire ; son énergie et son abnégation dans la lutte étaient une sorte de paratonnerre contre toutes les compromissions individuelles et collectives du passé récent ; il marquait aussi le retour de la bourgeoisie tchèque, puisque sa famille avait été une des plus célèbres familles praguoises d'avant guerre. L'économiste Václav Klaus, ministre des Finances, puis Premier ministre, maîtrisant les problèmes techniques, réaliste à tous crins, parfois à la limite du cynisme politique, représentait une conception opposée dans ce binôme. Il incarnait ces technocrates formés dans l'ombre des années 1980 et qui piaffaient devant l'inertie des gérontocrates.

Ces hommes si dissemblables ont pourtant un point commun : à des degrés divers et chacun à sa manière, ils ont tous deux considéré que l'ensemble de la société était responsable du passé communiste et qu'une chasse aux sorcières radicale ne s'imposait pas [12]. Pour le reste, leur opposition a été systématiquement amplifiée par les enjeux de pouvoir qui en ont fait des adversaires irréconciliables. Liés par l'histoire, ils ont cultivé des visions profondément différentes de leur pays, de son passé et de sa mission [13].

C'est au niveau du partage étatique que les premières grandes questions allaient être posées : car jusque-là les traditions anciennes

---

12. Et cela, même si la Tchécoslovaquie a adopté une loi de « lustration » destinée à écarter des postes de direction dans le secteur public les personnes compromises par leur collaboration avec la police (StB).
13. À un niveau plus modeste, l'affrontement entre le Premier ministre Vladimír Mečiar et le président de la République slovaque Michal Kováč a parfois ressemblé à l'affrontement Klaus-Havel.

avaient été préservées et ne nécessitaient pas de remise en cause radicale. L'hymne et le drapeau tchécoslovaques adoptés en 1918 avaient été maintenus par le régime communiste. Il fallait seulement supprimer les drapeaux rouges et, sur les différents emblèmes, les étoiles rouges adoptées comme rappel de la parenté soviétique. L'hymne était depuis longtemps bicéphale : il comprenait une partie tchèque issue d'une pièce populaire des années 1830, tandis que la partie slovaque reprenait un chant révolutionnaire de 1848[14]. Seuls les Moraves étaient en droit de se plaindre de l'absence symbolique de leur pays. Le drapeau tricolore rappelait quant à lui des couleurs slaves partagées. Mais que faire avec la partition ? Qui allait hériter de ce corpus symbolique ? S'il suffisait de couper l'hymne en deux (et d'inscrire un second couplet – déjà existant mais non utilisé – pour qu'il ait une durée suffisante), le drapeau national posait plus de problèmes. La discussion avait d'ailleurs commencé dès la fin de l'année 1988, les Slovaques réclamant déjà une modification des armoiries nationales. Pratiquement, les Tchèques reprirent le drapeau fédéral tandis que les Slovaques adoptèrent les trois bandes horizontales (blanc, bleu, rouge) frappées de l'écu gothique, avec les armes slovaques, pour le différencier des drapeaux russe et slovène. En s'appropriant l'ancien drapeau commun, au grand dam de Bratislava, Prague revendiquait une conception citoyenne et non ethnico-nationale du nouvel État tchèque[15].

Cette partition témoignait d'une lutte d'autolégitimation fondée sur une certaine conception de l'État : du côté slovaque, l'idée d'un État national l'avait donc emporté. On peut mettre cette « victoire » sur le compte de la frustration provoquée par un « manque d'État » et de sa forte instrumentalisation par les forces populistes et nationalistes. Les courants démocratiques qui réclamaient un État citoyen étaient momentanément balayés. L'affirmation de cet État

---

14. Voir « Hymnes nationaux en Europe centrale, orientale et du Sud-Est », *Cahiers du Cecese*, Paris, Inalco, 1993.
15. Voir « Emblèmes et drapeaux de l'Europe médiane », *Cahiers du Centre d'étude de l'Europe médiane*, n° 10, Paris, Langues'O, 1997.

national trouvait dans le préambule de la Constitution adoptée en 1992 son expression la plus explicite. Les références historiques étaient claires : ne pouvant retenir l'État slovaque de Jozef Tiso[16], il renouait avec l'étaticité quasi mythique de la principauté de Nitra dirigée par le prince Pribina et la Grande-Moravie du IXᵉ siècle, avec la christianisation slave de Cyrille et Méthode[17], dont la fête devenait fête nationale. Les Tchèques se réclamaient au contraire d'une tradition démocratique et Václav Havel faisait figure de successeur de Tomáš G. Masaryk, de philosophe roi, d'intellectuel au pouvoir, alors que les Slovaques devaient se contenter d'y porter d'anciens communistes. Ce qui pouvait passer pour une confiscation symbolique par les Tchèques relevait en fait d'une volonté slovaque de gommer le passé commun récent et de se démarquer du voisin occidental[18].

La toponymie praguoise, révélateur des imaginaires

Il serait trop long d'évoquer en détail les transformations qui ont eu lieu sous le régime communiste et qui se sont traduites par deux mouvements concomitants de soviétisation et de communisation autochtone : une soviétisation avec des noms de lieux (Baïkal, Bělocerkev, Kremlin, Kujbyšev, Omsk), des noms de personnages, d'événements ou d'institutions communistes d'URSS ou du bloc soviétique (Ždanov, Nikos Belojannis, Dimitrov, Engels, Marx, Mičurin, Svěrdlov, Kirov, Kišinev, Komsomol, Koněv, Kovpak, Lénine,

---

16. L'État slovaque né sous le patronage de Hitler le 14 mars 1939 et présidé par Mgr Tiso ne peut en aucun cas être une référence, sauf pour quelques nostalgiques émigrés.
17. Appelés par le prince de Grande-Moravie dont le pouvoir s'étendait sur une partie du territoire slovaque, les deux apôtres arrivèrent de Byzance en 863 en Europe centrale et participèrent à l'évangélisation de la région.
18. Sur cette dimension slovaque, on renverra utilement à Étienne Boisserie, « La question de *l'État en propre* en Slovaquie et son usage politique entre 1994 et 1998 », *in* Étienne Boisserie et Catherine Servant (dir.), *La Slovaquie face à ses héritages. Horizons critiques de la culture slovaque contemporaine*, Paris, L'Harmattan, 2004, p. 95-130.

Liebknecht, Rosa Luxemburg, Jeunes Gardes [Mladé gardy], Pavlov – pendant la période stalinienne, Première Brigade de Kiev, révolution d'Octobre, Ljuba Ševcová, Tankistes soviétiques, Tchapaïev, Wilhelm Pieck, Thalmann, Armée rouge), et des noms d'écrivains (Nekrasov, Glinka, Gogol, Gorki, Maïakovski, Pouchkine). L'autre mouvement touche à la tchéquisation du communisme, avec Gottwald, Sekanina, capitaine Jaroš, Šmeral, Hybeš, Pecka, Ludvík Svoboda (anciennement Brigade de Kiev).

Sous l'égide du ministre de la Culture Zdeněk Nejedlý[19], se multiplièrent dans l'ensemble du pays les monuments aux Libérateurs[20] ; à Prague leur correspondit *La Fraternisation* du sculpteur Karel Pokorný, près de l'horloge de l'hôtel de ville du vieux centre, mais qui ne résista pas à 1968. Julius Fučík[21] n'eut pas sa statue dans la capitale, à la différence de Jožka Jabůrková (due à Věra Merhautova en 1965, dans le quartier de Košiře). Vincenc Makovský fondit un *Nouvel Âge* (érigé devant le Parlement) et Antonin Nývlt un *Šverma* (1968). Un *Lénine* fut installé dans les années 1970, en pleine normalisation[22], au centre de la place ronde de Dejvice, et un groupe de *Miliciens*, à Vysočany. À la même époque, la statue du président Klement Gottwald vint tardivement enrichir son quai en 1973, et celle de son successeur Antonín Zápotocký fut installée quelques années plus tard devant le bâtiment de l'ÚRO (la centrale syndicale unique qu'il avait dirigée) à Žižkov. Le stalinisme reprenait ses droits commémoratifs. Julius Fucík fit aussi son apparition à la fin des

---

19. Nejedlý, personnage protéiforme, historien, musicologue, idéologue, a été le grand introducteur des mythes patriotico-communistes après 1948.

20. Soviétiques, bien sûr, parce qu'il fallait oublier la libération de l'ouest et du sud de la Bohême par les troupes américaines, redécouverte après 1989 et fortement instrumentalisée par les États-Unis.

21. On connaît de ce communiste exécuté par l'occupant nazi un texte posthume traduit en français, *Écrit sous la potence* (Paris, Seghers, 1947, EFR 1974), dont l'authenticité a été longtemps contestée.

22. Ce terme désigne la chape de plomb qui est tombée sur le pays en 1969 après l'invasion du pays par les troupes du pacte de Varsovie le 21 août 1968, l'occupation militaire par les Soviétiques et l'élimination des représentants du « printemps de Prague » et de tous ceux qui avaient pris une part active au courant libéralisateur.

années 1970 devant le parc des expositions portant son nom dans le quartier de Bubenec.

Bien entendu, une place à part doit être faite au monument en l'honneur de Staline édifié en mai 1955, réalisé par l'excellent sculpteur Otakar Švec, qui se suicida au lendemain de l'inauguration[23]. Placé sur l'esplanade de Letna, haut de trente mètres avec son socle, dominant Prague, ce vaste monument ne sera enlevé qu'en 1962 ; une date tardive qui est un bon indice du rythme de la déstalinisation tchèque. En 1991, cet espace vide sera comblé par le métronome géant de Vratislav Novák, qui remplace une provisoire « cloche de la liberté ». Le temps reprenait son cours, après s'être si longtemps figé : malheureusement, ce métronome est souvent tombé en panne depuis lors.

Très rapidement, les municipalités, poussées par les citoyens, ont entrepris de faire un premier toilettage, qui a porté sur la désoviétisation et la décommunisation de Prague. Cette remise en cause a parfois été le fait d'artistes provocateurs, comme David Cerný, qui, en 1991, a peint en rose le char symbolisant l'aide apportée par les Soviétiques à la libération du pays en 1945 (« *Růžový je hezčí* », « Ce qui est rose est plus beau »). Une vive polémique s'est ensuivie sur la légitimité d'une telle action et sur une telle dépréciation de l'effort consenti par l'Armée rouge pour libérer la Tchécoslovaquie de l'Allemagne nazie. Précisons simplement que la démarche de l'artiste avait eu un précédent en 1990 (avec la symbolique Trabant « *Kam kráčíš ?* », « Vers quoi te diriges-tu ? », installée sur la place de la vieille ville avant de rejoindre le jardin de l'ambassade d'Allemagne) et aura des suites, avec le cheval symboliquement renversé de saint Venceslas, érigé en novembre 1999 en bas de la place du même nom. Pour sa part, Jiří David installera un gigantesque néon rose en forme de cœur[24] au-dessus du château présidentiel, puis une couronne d'épines qui surplombera le Rudolfinum, en 2002 et 2003, dans une mise en scène postmoderne.

---

23. Voir le roman d'Elsa Triolet, *Le Monument*, Paris, Gallimard, 1957.
24. Qui accompagne habituellement la signature du président Havel.

Mais le processus de transformation a été long et complexe. En effet, il ne s'agissait pas seulement d'enlever, ce qui est assez aisé, mais de remplacer, ce qui implique un accord bien plus difficile à obtenir.

Les monuments « communistes » précédemment évoqués furent tous rapidement retirés, mis dans un hangar près de Louny, certains furent même fondus pour d'autres œuvres, des Gottwald et des Lénine étant par exemple utilisés pour réaliser un nouveau monument à la mémoire des enfants de Lidice[25]. Quand ces monuments sont restés, les inscriptions en ont été supprimées ou modifiées[26], en particulier en province. Certains ont été déplacés : le cosmonaute Gagarine est passé de la promenade de Karlovy Vary/Karlsbad à l'aéroport de la ville d'eau, ce qui est plus fonctionnel et respecte un événement qui a été vécu comme rattaché à la génération de la conquête de l'espace plus qu'à un régime[27].

À rebours, des monuments en l'honneur de Jan Palach (par exemple une croix sur le sol devant la statue de saint Venceslas, à l'endroit où il s'est immolé, après la plaque de la faculté de lettres), des étudiants du 17 novembre 1989, des aviateurs tombés pendant la Seconde Guerre mondiale, et même de Churchill, monument inauguré par Margaret Thatcher en novembre 1999, ont vu le jour. Masaryk, lui, a attendu longtemps sa place à Prague même si, après d'interminables discussions – et malgré l'évidence de cette reconnaissance et le soutien du président Havel –, une statue due au sculpteur Otakar Španiel a été finalement érigée pour le 150ᵉ anniversaire (en mars 2000) de la naissance du fondateur de l'État tchécoslovaque sur la place du Château[28]. Cette situation paradoxale illustre les

---

25. Dû à Marie Uchytilová. Le village martyr de Lidice a la même fonction en pays tchèques que celui d'Oradour en France : il a été rasé et sa population a été exterminée en représailles à l'attentat dirigé contre le *Reichsprotektor* Heydrich en mai 1942.

26. Par exemple la statue de Zdenek Nejedlý à Litomyšl.

27. À noter la rapide association de la conquête américaine et soviétique dans le corpus des timbres tchécoslovaques. C'est un paradoxe sur lequel il conviendrait de se pencher : nous sommes en présence d'une étrange illustration de la détente, voire de la thèse de la « convergence » entre le monde capitaliste et le monde soviétique.

28. Il a aussi son quai (voir *infra*).

lenteurs et les paradoxes de la situation actuelle devant des choix parfois difficiles : la statue de Joukov, le libérateur soviétique de mai 1945, est demeurée en place.

En ce qui concerne la dénomination des espaces publics, notons tout d'abord que celle des ponts a peu changé, à part le pont de Stalingrad devenu pont de Liben dès le début des années 1960. Curieusement, le pont Šverma (ancien pont Štefánik[29], puis Janáček[30] sous l'Occupation) n'a pas été remis en cause : il est vrai que Jan Šverma, intellectuel et leader communiste mort pendant la guerre dans des conditions mal éclaircies, n'a pas été lié au pouvoir communiste, ce dont les organisations de la « troisième résistance » (c'est-à-dire celle dirigée contre le communisme, les deux précédentes ayant été liées aux deux guerres mondiales) ont convenu.

En revanche, le quai Marx est devenu quai Rašín, le père du communisme étant remplacé par le premier ministre des Finances de la Tchécoslovaquie, apôtre de la déflation et d'une couronne forte, et victime d'un attentat. Le quai Engels s'est transformé en quai Masaryk, ce qui ne manque pas non plus d'humour quand on connaît le rôle du fondateur de la Tchécoslovaquie dans la critique du marxisme[31]. On a raccourci le quai du capitaine Jaroš, héros tchécoslovaque de l'Union soviétique tombé en 1943 à la bataille de Sokolovo, pour faire une place à Edvard Beneš, le deuxième président de la République tchécoslovaque. Ici aussi, la manipulation ne manque pas de sel. Mais le général Ludvík Svoboda, président de la Tchécoslovaquie normalisée, continue à avoir la vie belle, malgré les découvertes récentes des historiens de l'Institut d'histoire contemporaine (USD) sur ce compagnon de route des communistes et des Soviétiques, qui reste encore dans l'imaginaire tchèque indéfectiblement associé au « printemps de Prague ».

---

29. Figure emblématique slovaque de la Première Guerre mondiale, un des cofondateurs de l'État tchécoslovaque avec Masaryk et Beneš.
30. Grand compositeur tchèque du XXe siècle.
31. Voir Antoine Marès et Vladimir Peska (dir.), *Thomas Garrigue Masaryk, européen et humaniste*, Paris, Institut d'études slaves, 1991.

Milada Horáková, députée active dans la résistance à la prise de pouvoir par les communistes et une des rares femmes condamnées à mort et exécutées au début des années 1950, a remplacé les Défenseurs de la Paix *(Obránců míru)* sur une des plus grandes artères de Prague. Elle symbolise le retour dans la conscience nationale des victimes du régime communiste et de la troisième résistance. De la même façon, le philosophe Jan Patočka a été substitué aux Pionniers[32] tandis que le général Pika[33] a pris la place du général soviétique Didor Artemjevic Kovpak.

Les Soviétiques ont donc disparu : la plus longue artère de Prague, qui menait de la place de la Révolution-d'Octobre (désormais baptisée pudiquement place de la Victoire, Vítězné náměstí) à l'aéroport, en direction de l'ouest, de Lénine (Leninova) est devenue avenue de l'Europe (Evropská), signe de l'inversion géopolitique adoptée par la Tchécoslovaquie. La place des Soldats-de-l'Armée-Rouge (face à la faculté de lettres) est devenue place Jan-Palach, du nom de ce jeune étudiant qui s'était immolé par le feu en janvier 1969 pour protester contre la normalisation. La place Gorki (depuis 1951) a retrouvé son nom traditionnel de Senovážné (marché aux Grains) d'avant 1896. Si les classiques Glinka, Gogol et Pouchkine ont survécu, Gorki, Nekrasov et Maïakovski sont tombés au purgatoire.

Les Français ne sont pas revenus au premier plan comme c'était le cas dans l'entre-deux-guerres : le slaviste Leger (Legerova) n'a jamais quitté la scène (sauf entre 1940 et 1945), mais l'historien Ernest (tchéquisé sous le prénom d'Arnošt) Denis a disparu, semble-t-il à jamais, alors qu'une gare portait son nom et que sa statue ornait une des places les plus importantes de Prague[34]. C'est un paradoxe, parce que Louis Leger n'a jamais été très connu des Tchèques en

---

32. Organisation socialiste des enfants, créée en 1949.
33. Ancien attaché militaire tchécoslovaque pendant la guerre à Moscou, président de l'Alliance française, arrêté par les communistes en 1948, condamné à mort et exécuté en 1949 à la suite d'un procès inique.
34. De fait, il a fallu attendre fin octobre 2003 pour que soit inaugurée, à l'initiative de la mairie de Prague, une plaque rappelant cette statue sur la place de Malá strana. Leger et Denis sont les deux grandes figures de médiateurs « franco-tchèques » de la fin du XIXᵉ et du début du XXᵉ siècle.

dehors d'un noyau restreint d'universitaires, à la différence de Denis, considéré comme le continuateur de František Palacký (le Michelet tchèque, mâtiné de Guizot ou de Thiers). Paris (Parížská) a toujours eu son artère prestigieuse, depuis le lendemain de la Première Guerre mondiale, qui relie la place de la Vieille-Ville à la Vltava à travers l'ancien quartier juif de Josefov. La rue Francouzská (Française) date, elle, de l'entre-deux-guerres. Mais les noms de batailles françaises et de généraux ont disparu : l'avenue Foch n'a pas été rétablie, pas plus qu'il n'y a d'avenue Patton (ce qui aurait pu se justifier, c'est d'ailleurs le cas à Plzeň) ; en revanche, dans le quartier de Bubeneč, a été rétablie la rue Pellé[35] (à la place de Maïakovski), la rue de Verdun (à la place de Thalmann) et celle de Terron[36] (à la place de Jdanov).

Quelques curiosités : l'avenue Saint-Guy, entre le château et la place de la Victoire, a remplacé celle du Soulèvement-Slovaque. L'avenue Fučík à Vysočany a été rebaptisée du nom de Kolben, la grande entreprise d'électromécanique dont les usines se trouvaient à proximité (entre 1938 et 1940, cette avenue s'appelait U Kolbenky). Comme Šverma, Fučík est mort pendant la guerre, mais il a été tellement instrumentalisé par les communistes (sans compter le soupçon qui pèse sur lui d'avoir dénoncé ses camarades aux tortionnaires nazis) que sa disparition a paru légitime aux yeux de beaucoup.

En fait, le noyau historique de Prague est resté beaucoup plus stable que la périphérie : question de traditions plus anciennement conservées et plus enracinées qui empêchaient le régime de toucher à certains noms.

Quelles conclusions tirer de ce très rapide survol ? Que nous apprend la nouvelle toponymie urbaine de Prague ?

---

35. Le général Maurice Pellé a fondé et dirigé la Mission militaire française à Prague à partir de février 1919 ; il a pris notamment une part importante aux combats de Slovaquie au printemps 1919.
36. Du nom d'une bataille célèbre à laquelle les unités tchécoslovaques ont pris part sur le front français au cours de la Première Guerre mondiale.

Tout d'abord, on constate une volonté de désoviétisation et de décommunisation très forte au profit d'une renationalisation et d'une européanisation ; il ne faut pas oublier que Prague est une des grandes villes tchèques où l'électorat de droite (ODS et ODA) est le plus important depuis les premières élections de 1990. Ces changements se sont reflétés fortement : on a largement débaptisé et rebaptisé dans la capitale, d'autant plus que le tissu industriel s'est appauvri (avec par conséquent un recul des traditions de gauche) au profit d'un secteur tertiaire (services et administration) en pleine croissance, qui est plus ancré dans des valeurs de droite.

Deuxièmement, les changements ont été malgré tout assez limités : ils portent sur une part infime (quelques pourcents) de l'ensemble des noms de rues de la capitale. Par exemple, les noms désignant des lieux géographiques de l'ancienne Union soviétique n'ont pas disparu (dans le quartier de Vršovice), sauf quand ils étaient porteurs de références idéologiques. Après une première vague de changements en 1990-1991, il n'y a pas eu de mouvements de fond. On peut parler de « stabilisation » rapide.

Troisièmement, ce qui est vrai des rues l'est aussi de la statuaire. Mais les débats ne sont pas définitivement clos. En octobre 1999, un grand quotidien praguois posait les questions suivantes à propos des « monuments mis au pas dans la métropole tchèque *(Kamenné kadrování v ceské metropoli)* » : « Les Tchèques sont-ils une société ouverte, un pays de culture enclin aux valeurs humanistes ? Ou bien souffrent-ils de xénophobie, d'intolérance ? Et les anciens monstres de pierre ne sont-ils pas le miroir caché de bien des défauts cachés de l'âme de la nation[37] ? »

Le débat sur la statue de Jan Šverma (surnommée « *Sypejte ptáckum* », « Donnez à manger aux oiseaux »), située devant le pont du même nom a été un des feuilletons de l'automne 1999, entamé dès 1995 (il se trouve que Bill Clinton avait été reçu à Prague lors d'une visite comme jeune étudiant par la famille Šverma). Le Premier

37. Libor Budinský, *in Lidové noviny*, 16 octobre 1999.

ministre et des historiens non suspects de sympathie pour le régime précédent[38] ont trouvé absurde, dix ans après 1989, de poursuivre la « chasse aux communistes ». Certains ont suggéré de réaliser une « réserve » des monuments communistes plutôt que de les détruire.

Le paysage de la ville et de ses inscriptions constitue un cadre quotidien qui modèle les esprits. Il n'est pas indifférent d'habiter rue Churchill ou rue Staline, pas plus que de passer quotidiennement devant la statue de Masaryk et non devant celle de Dzerjinski. L'imaginaire urbain recomposé a remis Prague dans un monde renationalisé et réoccidentalisé. Mais quarante années ne s'effacent pas facilement, et, pour les générations les plus âgées (plus de cinquante ans), les dénominations anciennes connues dès l'enfance restent encore souvent en usage.

Nous continuerons à nous concentrer en guise de conclusion sur l'exemple tchèque, en notant que toutes les enquêtes sociologiques ont mis en exergue la nette différence existant avec la société slovaque : tous les paramètres indiquent le caractère plus ouvert des Tchèques, leur acceptation plus grande de la modernisation et de la libéralisation, leur rupture plus radicale avec le récent passé communiste, même si celui-ci ne se laisse pas aisément oublier[39]. Mais l'imaginaire social des Tchèques est aujourd'hui très fragmenté et en cours de reformation. D'une part, la sphère publique a été profondément dévalorisée par l'usage que le pouvoir communiste en a imposé pendant plus de quarante ans, d'où le repli sur la sphère privée et un engagement collectif qui est surtout le fait des plus jeunes générations ; d'autre part, les imaginaires sociaux se sont atomisés en fonction des générations.

Pourtant, de manière globale, il faut constater certains phénomènes qui frappent par leur ampleur. En 1991, 39,2 % de la population se déclarait catholique, 39,7 % athée, avec de fortes inégalités

---

38. Par exemple Zbynek Hojda.
39. Voir Jiří Večerník/Petr Matějů, *Zpráva o vývoji české společnosti, 1989-1998* [À propos du développement de la société tchèque, 1989-1998], Prague, Academia, 1998.

régionales allant du simple au double entre Prague (avec 28 % de catholiques) et la Moravie du Sud (avec 56 %). En 1998, parmi les jeunes de 15 à 24 ans, 78 % se disaient sans religion. En une dizaine d'années la décrue s'est donc accélérée et moins du tiers de la population adhère aujourd'hui à une Église[40]. La République tchèque est un des pays européens les plus déchristianisés et les phénomènes sectaires ne l'épargnent pas : la fascination de l'Orient est perceptible dans l'édition ou certains lieux (salons de thé, restaurants spécialisés...), et le dalaï-lama a toujours été reçu en grande pompe par le chef de l'État...

Cette évolution se reflète dans l'institution familiale[41] : la situation s'approche désormais des standards occidentaux. L'âge du mariage est progressivement retardé (il est passé en une décennie de vingt et un à vingt-cinq ans pour les femmes), le taux de nuptialité s'est effondré (de 8,8 ‰ en 1990 à 5,4 ‰ en 2000) tandis que le taux de divorce a progressé, passant de 35 à 53 ‰ au cours de la même période : ainsi le rapport entre divorces et mariages était-il de 54 % en 2000[42].

Ni la religion ni la pérennité de la famille ne semblent donc au cœur de l'imaginaire individuel, même si la famille et les enfants restent une valeur centrale que les Tchèques répugnent souvent à sacrifier au profit de l'activité professionnelle. Le sacro-saint week-end en est l'illustration. Ce qui n'empêche pas la société tchèque de s'occidentaliser de plus en plus en termes d'horaires de travail et d'ouverture des services ou des commerces[43]. L'utilisation d'une main-d'œuvre immigrée facilite cette adaptation.

---

40. Pourtant, un certain nombre de sondages montrent une stabilité des croyants en Dieu (autour de 22 % en 2000) et un recul de ceux qui n'y croient pas du tout – qui sont passés de 60 % en 1989 à 43 % en 2000 – au profit d'un groupe intermédiaire. Voir Jan Mišovič, *Víra v dějinách zemí koruny české* [La foi dans l'histoire des pays de la couronne de Bohême], Prague, Slon, 2001.
41. La tendance est la même en Slovaquie, mais beaucoup plus lente et partant d'une situation plus traditionnelle.
42. Voir l'annuaire statistique tchèque de 2001, *Statistická ročenka české republiky* [Annuaire statistique de la République tchèque], Prague, čsu, 2001.
43. Prague, avec ses commerces ouverts tous les jours, et souvent même les jours fériés, en présente le visage le plus spectaculaire.

Si l'après-1989 offre quelques exemples de réussites individuelles spectaculaires, une partie d'entre elles sont entachées de
scandales retentissants : le créateur des Fonds Harvard de privatisation ne doit sa liberté qu'à sa fuite dans des paradis fiscaux et juridiques ; le richissime créateur de la télévision privée Nova, Vladimír
Železný, est poursuivi depuis des années pour fraude, détournements
et évasion fiscale, ce qui ne l'a pas empêché d'être brillamment élu
lors du dernier renouvellement partiel du Sénat. Richesse soudaine
semble rimer avec corruption plutôt qu'avec compétence et travail.
Quelques héros sportifs se sont imposés comme modèles – les
hockeyeurs sur glace, champions du monde et champions olym-
piques à plusieurs reprises, les footballeurs qui connaissent une
grande carrière internationale en Allemagne ou en Italie, les athlètes
qui sont restés au firmament mondial de leur discipline pendant des
années –, mais ils constituent une exception[44]. Quelques savants ou
intellectuels sont également mis au pinacle par la presse grand
public. Comme partout ailleurs, les vedettes de la télévision ont commencé à voler leur place aux artistes. On se reconnaît en tel ou tel
non pas parce qu'il a une spécificité tchèque, mais parce qu'il a réussi
dans son domaine *tout en étant tchèque*.

Il ne faut pas toutefois oublier la tendance à l'égalitarisme
tchèque, qui est naturellement soupçonneuse à l'égard de la réussite
locale. Mais, ici encore, l'appartenance à telle génération ou à tel
groupe social est fondamentale. Les jeunes étudiants qui ont franchi
le cap de la sélection universitaire se révèlent d'une européanité
accomplie : leurs connaissances linguistiques, leurs compétences
techniques, leur mobilité et leur curiosité du monde sont souvent
bien supérieures à celles des Occidentaux. Ils ne raisonnent plus en
termes de carrières nationales mais d'opportunités internationales.
Ils ne prennent plus leurs modèles dans leur seul pays et, s'ils ne

---

44. Il est frappant de voir à quel point – est-ce le complexe de la petite nation ? – la reconnaissance
de la réussite passe par une légitimation étrangère.

souhaitent pas forcément le quitter, ils envisagent de le dépasser dans un cadre européen.

Mais si l'on cherche certains indices synthétiques pour photographier l'évolution matérielle de la société, peut-être l'espérance de vie moyenne des femmes et des hommes, qui a régulièrement progressé, nous instruira-t-elle : 67,8 et 75,4 ans pour les hommes et les femmes en 1990 contre 71,7 et 78,4 en 2000[45]. Au-delà de la société inégalitaire qui se crée, au-delà de la déception des intellectuels qui sont de plus en plus marginalisés dans ce monde de l'immédiat et du matériel[46], au-delà de cet environnement globalisé[47], le citoyen tchèque vit dans un pays organisé qui, dans l'ensemble, fonctionne bien et que seul un très petit nombre a envie de quitter.

Sur le plan national, être tchèque signifie ressentir une identité contradictoire et parfois douloureuse, à la lumière d'un environnement qui n'a pas manqué de réactiver des interrogations parfois anciennes. Être tchèque implique une appartenance territoriale précise : en ce domaine, la réduction de l'État aux pays tchèques (la Bohême, la Moravie et une partie de la Silésie) a simplifié la situation. En revanche, cette situation nouvelle, même si elle n'est pas inédite – le royaume de Bohême avait été indépendant jusqu'au XVIIᵉ siècle –, incite à réfléchir sur ce qu'a signifié l'appartenance à de plus vastes ensembles : les pays héréditaires habsbourgeois, l'Autriche-Hongrie, la Tchécoslovaquie, indépendante puis nazifiée avant d'être soviétisée. Mais être tchèque signifie aussi adhérer

---

45. Voir *Statistická ročenka, op. cit.* ; Zdeněk Pavlík et Milan Kucera (dir.), *Populační vývoj České republiky* [La population de la République tchèque], chaire de démographie de la faculté de sciences naturelles, université Charles, 2001.
46. Un ancien dissident, historien, me faisait part récemment de sa désillusion en disant : « C'était bien du temps des roulottes ! » Écarté de l'Académie des sciences en 1969, il posait des conduites d'eau et les entretenait dans toute la Bohême. Après 1989, il avait retrouvé son poste, mais il regrettait cette époque de solidarité dans l'adversité.
47. Le voyageur ne manque pas d'être frappé par les restaurants McDonald's qui marquent les entrées de Prague ou par les grandes enseignes commerciales internationales qui dominent désormais la grande distribution.

à une histoire[48] et à un certain nombre de valeurs qui se sont édifiées dans un corpus où littérature, interprétation de l'histoire et vision de soi-même se croisent et s'interpénètrent. Quel sens attribuer désormais à cette individualisation tchèque dans un contexte de réunification européenne ? L'opinion tchèque a oscillé depuis 1989 entre un complexe d'infériorité, entretenu notamment par les « jugements » bruxellois, et des réactions hautaines et disproportionnées, telles que Václav Klaus a pu les exprimer. Le conflit larvé avec les Allemands des Sudètes qui s'est reflété dans les rapports avec la République fédérale allemande et l'Autriche a été au cœur de nouvelles interrogations : l'expulsion de plus de trois millions d'Allemands entre mai 1945 et l'année 1947 a été relue à la lumière des droits de l'homme de la fin du XXe siècle et hors du seul contexte de la guerre. Les organisations d'expulsés ont demandé réparation, faisant pression sur leurs gouvernements pour freiner l'adhésion de la République tchèque à l'Union européenne[49]. L'opinion a été désarçonnée par ce boomerang de l'histoire et inquiète de ses conséquences : la majorité n'a pas compris qu'une partie des intellectuels ou des hommes politiques tchèques batte sa coulpe en oubliant l'Occupation ; l'échec de la candidature de l'universitaire, philosophe et ancien dissident Jan Sokol à la présidence de la République s'explique en grande partie en effet par les positions très critiques qu'il avait adoptées à propos des responsabilités tchécoslovaques dans ces déplacements forcés de population. Il s'est agi là d'un des débats les plus véhéments de la dernière décennie. Le reclassement idéologique s'est opéré aussi autour de cette question, impliquant une redéfinition identitaire par rapport à l'Allemagne. Et malgré les discours d'apaisement, malgré des relations souvent cordiales, l'Allemagne constitue la principale inquiétude de l'opinion, ou

---

48. Toujours aussi capitale dans les sondages portant sur les éléments de « fierté » nationale.
49. Voir sur cette question la remarquable thèse d'Anne Bazin-Begley, *Les Relations germano-tchèques depuis 1989. De la réconciliation bilatérale à l'intégration européenne*, thèse de doctorat sous la direction de Jacques Rupnik, IEP de Paris, juin 2002, ainsi que Muriel Blaive et Georges Mink (dir.), *Benešovy dekrety* [Les décrets Beneš], Prague, CEFRES, 2003.

plutôt une gêne sourde liée à une présence envahissante : car de fait, les capitaux allemands contrôlent l'ensemble de la presse, les investissements allemands sont massifs dans certains secteurs et les Verts allemands contestent les choix tchèques de l'électricité nucléaire...

Mais cette gêne n'implique pas que les Tchèques aient aujourd'hui le sentiment de vivre dans un monde où les menaces seraient explicites ; même le « danger russe » ne fait plus recette, et le président Klaus a déclaré en novembre 2003 qu'il était temps de normaliser les relations avec Moscou : intérêts économiques obligent...

Les dangers ressentis sont en fait ceux qui sont perçus par tous les Occidentaux : les incertitudes de l'avenir économique, le développement éventuel du terrorisme et la dissolution d'une identité propre dans un monde globalisé. Ici encore, il faut faire la part des apparences et des réalités profondes. Partager les angoisses américaines sur le terrorisme, c'est aussi s'assurer la bienveillance de la grande puissance mondiale ; craindre vraiment pour son identité impliquerait de faire les efforts financiers nécessaires pour assurer un enseignement de qualité et préserver sa culture, alors que tel n'est pas le cas. Les responsables tchèques comptent beaucoup sur les fonctions régulatrices du marché ; il n'est pas sûr que leur opinion publique partage majoritairement cette conviction au moment où le taux de chômage approche les 10 % et où le choc des transformations de l'après-1989 n'est pas encore parvenu au terme de ses conséquences.

L'ouverture de l'Europe présente incontestablement des avantages pour les élites, qui voient dans l'élargissement une opportunité inespérée d'exercer leurs talents sur une plus vaste échelle. Elle permettra aussi une plus grande mobilité pour le plus grand nombre. Mais ses conséquences socio-économiques restent encore une inconnue sur le long terme. L'Europe mirage risque de se dissiper rapidement. En revanche, comme par le passé, elle assurera durablement son rôle pacificateur.

Les imaginaires collectifs sont brouillés. Entre consumérisme et aspirations à être ou à jouer un rôle, les Tchèques penchent vers le premier terme tant leur frustration a été grande d'être ravalés en quelques décennies au rang où ils se trouvent : après avoir été les plus riches de l'Est, ne vont-ils pas entrer dans le club des plus pauvres de l'Ouest ? L'individualisme prévaut sur l'intérêt collectif et les solidarités de groupe tendent à s'effriter. Quant à la collection d'imaginaires individuels tels qu'on peut en recueillir le témoignage, elle ne diffère plus guère de ceux des Européens de l'Union : assurer avant tout son confort, consommer, préparer sa retraite sont les préoccupations dominantes d'une population qui découvre peu à peu que tout cela coûte cher, en efforts et en incertitudes. Dans un tel contexte, la spécificité identitaire recule évidemment. L'histoire, si importante chez les Tchèques, se transforme elle-même de plus en plus en objet de consommation[50].

---

50. Voir sur cette question Marie-Élizabeth Ducreux et Antoine Marès (dir.), *Enjeux de l'histoire en Europe centrale*, Paris, L'Harmattan, 2002.

Chapitre 3
HONGRIE DES PÈRES, HONGRIE DES FILS
Antonela Capelle-Pogăcean

« Il est bigrement difficile de mentir quand on ne connaît point la vérité[1]. » Ainsi s'ouvre le beau roman de l'écrivain Péter Esterházy, *Harmonia caelestis*, qui fut inspiré par le destin d'une des plus anciennes et puissantes familles de l'aristocratie hongroise brisée par le régime communiste. L'exploration du passé guide ce projet romanesque placé sous le signe du père. « Il est peu d'hommes qui sachent aborder le passé récent, écrit le romancier. Soit c'est le présent qui nous retient avec force, soit nous nous perdons dans ce qui n'est plus, et cherchons, autant que faire se peut, à évoquer et à rétablir ce qui est entièrement perdu. Même dans l'opulence des grandes familles qui doivent beaucoup à leurs ancêtres, on a coutume de se souvenir davantage du grand-père que du père[2]. »

Énoncée d'emblée, l'incertitude sur ce que fut le passé n'indique pas uniquement le statut littéraire de ce texte, fiction qui se sert librement de l'histoire ; elle n'est pas non plus propre à l'écrivain se donnant pour objectif de « retrouver son identité sous le poids de l'histoire, en l'occurrence celle de ses ancêtres et de son pays[3] ». Son royaume apparaît plus vaste. L'incertitude sur la vérité du passé et, de ce fait, du présent et de l'avenir, touche en effet au cœur des imaginaires sociaux hongrois relatifs à la temporalité et fait écho aux transformations multiples, politiques, économiques, sociales et culturelles engagées dans le pays depuis la chute du communisme. Il paraît bien loin, ce printemps de l'année 1990, marqué par les

---

1. Péter Esterházy, *Harmonia caelestis*, Paris, Gallimard, 2001, p. 13.
2. *Ibid.*, p. 11.
3. C'est dans ces termes que Gallimard, l'éditeur français du livre, présente le roman de Péter Esterházy, en quatrième de couverture.

premières élections législatives libres des 25 mars et 8 avril, où l'on croyait le passé achevé et l'avenir lancé dans une accélération effervescente du temps. L'affiche électorale de l'Alliance des jeunes démocrates (FIDESZ, opposition anticommuniste) témoignait de cette perception d'une rupture. On y voyait deux photos côte à côte : l'image des deux gérontes communistes, Leonid Brejnev et Erich Honecker, s'embrassant, jouxtait celle d'un jeune couple enlacé. Et l'affiche suggérait, avec un brin d'ironie : « Maintenant, choisissez ! » En 2000, au moment où paraissait *Harmonia caelestis*, roman de la mémoire délivrée de son enfouissement, qui passionna le public hongrois, cette évidence était déjà dissipée.

L'objectif est ici d'apprécier cette indétermination du temps en reprenant le canevas du roman d'Esterházy, c'est-à-dire le rapport à l'histoire et la relation au père. Le second thème n'est pas séparé du premier, sans en être uniquement un reflet. Le couple père-fils est riche de significations qui renvoient aux modes de construction de l'identité, de l'autorité et du pouvoir. L'imaginaire politique hongrois a décliné à plusieurs reprises la figure du père depuis le XIXᵉ siècle. Elle a successivement pris les traits de l'empereur François-Joseph dans la seconde moitié du long XIXᵉ siècle, de l'amiral István Horthy dans l'entre-deux-guerres ou encore de János Kádár dans les deux dernières décennies de la période communiste. Si des nuances distinguent les perceptions de ces personnalités politiques, elles n'en restent pas moins associées au même scénario : restauration, traumatisante pour la société puisque passant par la violence, de l'ordre (ce fut le cas en 1848-1849, en 1920, en 1956), suivie cependant de périodes fastes, d'années de paix. L'autorité brutalement affirmée a acquis progressivement de la légitimité, les traits du dirigeant autoritaire se figeant dans la figure du père. Or, celle-ci, à l'instar des autres instituants traditionnels de la société, s'avère, dans la Hongrie postcommuniste, instable, fragile et en cours de reconfiguration.

Si Péter Esterházy s'accorde, sans s'y perdre, au temps présent dans toute sa fluidité, et affirme l'incertitude à partir de la posture de l'écrivain-héritier d'une grande famille, il est d'autres façons d'énoncer celle-ci et, dès lors, de l'apprivoiser. En témoigne la trajectoire de Viktor Orbán, jeune militant anticommuniste en 1989, fondateur du FIDESZ, devenu en 1998, à 35 ans, Premier ministre de la République hongroise. Viktor Orbán se place sur le terrain du politique et c'est de ce lieu qu'il reconstruit son image. Le rebelle mal rasé qui s'adressait à la foule lors des obsèques solennelles d'Imre Nagy[4] le 16 juin 1989 et demandait avec fougue le retrait des troupes soviétiques de Hongrie se transforme en entrepreneur politique néoconservateur, promoteur d'un ordre rénové. Et ce, à travers des mises en scène sociales du pouvoir qui réorganisent dans des configurations nouvelles des références traditionnelles telles que la nation et son histoire ou encore la famille.

Les mots de l'écrivain qui disent l'incertitude et le langage du politique qui tente de la surmonter éclairent ainsi deux facettes d'une même réalité. Ils invitent l'observateur à questionner les modes d'appropriation symbolique des transformations postcommunistes à l'œuvre dans la société hongroise, à s'intéresser aux activations des imaginaires sociaux, appréhendés « comme interaction entre le passé, le présent et la projection du futur[5] ». Les discours de l'écrivain et du politique, s'ils procèdent de logiques différentes, existent dans la mesure où ils rencontrent des horizons d'attente plus larges. Cette jonction des discours et des attentes, observait Cornelius Castoriadis, crée « de nouvelles formes non seulement d'intelligibilité, mais du faire, du représenter, du valoir social-historique », ce sont des « moments et [des] formes du faire instituant, de l'auto-création de la société[6] ».

---

4. Communiste réformateur, représentant de l'opposition antistalinienne, Imre Nagy se retrouva à la tête du gouvernement hongrois au moment de la révolution de 1956. Il fut jugé et exécuté en 1958. Sa réhabilitation et son enterrement solennel le 16 juin 1989 marquent symboliquement la fin du régime communiste hongrois.
5. Jean-François Bayart, L'Illusion identitaire, Paris, Fayard, 1996, p. 143.
6. Cornelius Castoriadis, L'Institution imaginaire de la société, Paris, Le Seuil, 1975, p. 10.

Du père au fils et vice versa : déconstruire la grande histoire pour penser sa place dans la société

Le nom des Esterházy fut, jusqu'au moment de l'installation du communisme, synonyme d'un « rêve hongrois » : « Dans l'imaginaire hongrois, note l'écrivain, le nom de mon père incarnait tout ce qui pouvait faire de la vie un paradis sur terre... Un véritable petit royaume, pas un de ces mini-royaumes anecdotiques qui s'arrêtent à la limite du village, mais une seigneurie succédant immédiatement au vieux roi[7]. »

Esterházy s'empare de ce rêve hongrois sans intention aucune d'en ressusciter la grandeur, dans une distance à la fois tendre et ironique. Le récit abolit le temps linéaire qui sert de cadre aux sagas familiales conventionnelles, avec leur succession ordonnée de générations qui accompagne l'écoulement du passé vers le présent. L'incertitude brouille la continuité du temps.

Le premier livre du roman, « Phrases numérotées de la vie de la famille Esterházy », narre des anecdotes réelles ou inventées de l'histoire de la famille, extraites des plis d'un temps émietté. Le héros de ces « Phrases numérotées », appelé chaque fois « mon père », se meut librement entre les temps long, moyen et court. Il est ce chef de guerre en train de combattre le Turc au XVIIᵉ siècle et, quelques pages après, ce passionné de football qui, dans les années 1950-1960, se levait « quand l'hymne retentissait [...] lors de la retransmission d'un match de sélection[8] ». À la fin du même paragraphe, nous le retrouvons au XVIIᵉ siècle, « las de l'attention permanente à laquelle il était impossible [...] de se dérober : veiller sur les Habsbourg, veiller sur les Turcs, veiller sur la Transylvanie, veiller sur le royaume, veiller sur les intérêts de la nation, veiller aux intérêts de la famille, veiller à ses propres intérêts[9] ». Ce va-et-vient incessant entre des temps

---

7. Péter Esterházy, *op. cit.*, p. 15.
8. *Ibid.*, p. 45.
9. *Ibid.*, p. 46.

différents rend la figure du père hétérogène, les fragments d'histoire le narrent et l'éclairent chaque fois différemment.

Le second livre du roman, « Les confessions d'une famille Ester-házy », est davantage nourri par la mémoire personnelle du fils écrivain. Né en 1950, celui-ci se souvient du goût du pain rassis consommé par la famille reléguée à la campagne, sur ses anciennes terres, peu après sa naissance, et des mains écorchées du père, astreint, en tant qu'ennemi du peuple, aux travaux agricoles, avant d'être employé comme cantonnier à la Société du réseau de voirie de Budapest. L'humiliation infligée par le régime stalinien ne semble pas briser le père. Vu à travers les yeux fascinés du fils, il reste ce chef de famille protecteur, autorité évidente et tendre à la fois, fin lettré, fidèle à un *ethos* aristocratique centré sur l'honneur et la dignité, qu'il s'emploie à transmettre à ses enfants. Son prestige social semble s'être maintenu intact au village : la plupart des paysans continuent à l'appeler « Monsieur le comte » lorsqu'ils n'utilisent pas la formule « Monsieur le professeur », en usage pour désigner les intellectuels à la campagne. La redéfinition des hiérarchies sociales engagée par les autorités communistes a des échos contradictoires dans cette Hongrie rurale, pauvre et affamée, du début des années 1950, où l'ordre ancien se perpétue, ne fût-ce que partiellement.

Le rapport père/fils se renverse en novembre 1956, dans les jours qui suivent l'écrasement de la révolution hongroise par les troupes soviétiques. La machine répressive se met en route, les arrestations se multiplient et visent les insurgés réels ou potentiels. Le père semble faire partie de la seconde catégorie, et est perçu comme une menace compte tenu de ses origines sociales. Âgé de six ans, le fils croise, impuissant, son regard fixe alors qu'il est emmené par la police politique pour interrogatoire. Il souhaite le protéger, le sauver, sans rien pouvoir faire. Le temps est suspendu[10] : « Je suis debout,

---

10. *Le Temps suspendu* est le titre du film réalisé en 1982 par le cinéaste hongrois Péter Gothár. Récit du retour du père brisé par des années d'emprisonnement après sa participation à la révolution de 1956, le film, largement autobiographique – le réalisateur est né en 1947 –, évoque cette

j'ai très peur, je n'ose pas bouger, mon petit papa, pardonne-moi, je ne peux pas te sauver maintenant, je te promets que je te sauverai toujours, que je te libérerai de partout[11]... » Figure fragile désormais, le père rentre trois jours plus tard, les lunettes cassées, les traits épuisés, le visage portant des traces de coups. « Je n'ai pas osé le regarder, commente le fils, puis je l'ai regardé droit dans les yeux. C'est la doublure de mon père, ai-je pensé[12]... »

Après le retour de la famille à Budapest au début des années 1960, à la faveur de la consolidation kádárienne[13], une nouvelle image du père émerge, silhouette courbée devant la machine à écrire, plongé dans des traductions de l'anglais, du français, de l'allemand, interdit cependant de signature. Le nom d'Esterházy demeure aux yeux du régime menaçant, même si le comte, ennemi du peuple, peut à nouveau retrouver un statut d'intellectuel, après la rééducation par le travail physique des années 1950. Les limites de l'ouverture kádárienne sont ainsi cernées. La figure du père « plié comme un saxophone redressé » qui « courbe la tête pour ne pas heurter la voûte céleste[14] » éclaire désormais une brisure profonde, un désespoir que l'alcool a du mal à noyer. Tendrement aimé, le père reste une référence pour le fils, désacralisée néanmoins.

Harmonia caelestis se clôt sur cette image. En janvier 2000, alors qu'il met un point final à ce roman écrit sur dix années, Péter Esterházy découvre le rôle d'informateur de la police politique qu'a tenu son père. Cette relecture du passé provoque un nouveau renversement de l'image : au père modèle, fût-il fragile, succède le père traître.

---

période démarrant au début de l'année 1969, commencement de la « normalisation » kádárienne, à travers les yeux des fils, troublés dans ce temps suspendu par le renversement de la figure du père.

11. Péter Esterházy, *op. cit.*, p. 568.

12. *Ibid.*, p. 590.

13. À partir de 1961, le régime communiste hongrois, plus sûr de ses assises, s'assouplit. En décembre de cette année, Kádár donne le signal du dégel, en lançant son célèbre slogan : « Qui n'est pas contre nous est avec nous. » Voir François Fejtö, *Histoire des démocraties populaires*, t. 2 : *Après Staline*, Paris, Le Seuil, coll. « Points Politique », 1979, p. 187.

14. Péter Esterházy, *op. cit.*, p. 286.

L'expérience de Péter Esterházy n'est pas unique. Après la modification de la loi sur l'accès aux archives de la police politique, en 1996, les révélations concernant en particulier le monde politique et intellectuel se multiplient dans les médias hongrois. Elles brisent d'anciennes amitiés et disloquent, dans certains cas, des liens familiaux. À l'été 2002, la nouvelle de la collaboration du Premier ministre Péter Medgyessy avec les services secrets, entre 1978 et 1982, agite le microcosme politico-intellectuel. À la même époque, Zoltán Pokorni, ministre de l'Éducation dans le précédent gouvernement de droite de Viktor Orbán, reconnaît, les larmes aux yeux, devant les caméras des télévisions, le passé de collaborateur de son propre père. Et ce, après avoir fait de l'anticommunisme son fonds de commerce politique.

Ce mode du retour sur le passé attire peu la société hongroise. Selon un sondage effectué début août 2002, quelque 77 % des sondés ne désirent pas savoir si leurs amis ou des membres de leurs familles ont travaillé pour les services secrets communistes ; 47 % des Hongrois se prononcent contre l'ouverture des dossiers de la police politique[15]. La popularité du Premier ministre Medgyessy n'est pas touchée par ce nouvel éclairage sur son passé.

Le livre issu de la découverte traumatisante faite par Péter Esterházy, publié en 2002 sous le titre *Édition revue. Annexe au roman Harmonia caelestis*[16], est en revanche très bien accueilli par le public et demeure en tête des meilleures ventes pendant de nombreuses semaines. Pour plusieurs raisons.

En poursuivant la démythification d'une grande famille aristocratique, et donc du rêve de la grandeur nationale, Esterházy rencontre l'horizon d'attente d'une partie de la société déprise de la figure d'une Hongrie héroïque.

---

15. Sondage réalisé par l'institut Médian, cité dans Liliane Petrovic, « Hongrie 2002-2003. Bipolarisation politique et rééquilibrage économique », *Le Courrier des Pays de l'Est*, n° 1036-1037, juin-juillet-août 2003, p. 75-92, p. 76.
16. Péter Esterházy, *Javított kiadás. Melléklet a Harmonia caelestishez* [Édition revue. Annexe au roman *Harmonia caelestis*], Budapest, Éditions Magvető, 2002.

Plus encore, le ton adopté par l'écrivain explique l'accueil réservé à son livre. Transcription de ses impressions et de ses états d'âme au fur et à mesure qu'il découvre les rapports rédigés par son père entre 1957 et 1980, *Édition revue* ne prétend à aucun moment détenir la vérité absolue sur le passé. Le narrateur est blessé en tant que fils. Il est heurté en tant qu'écrivain, admirateur de la virtuosité stylistique de son père. Or, la langue des rapports, selon les cas servile, plate, hypocrite, mensongère, s'ajuste d'une manière troublante à celle des officiers chargés de suivre le « contact », et dont les commentaires apparaissent en marge des pages. La langue du pouvoir kádárien ressurgit ainsi sous la plume du père. Ce traumatisme est d'autant plus fort que Péter Esterházy fut dans les années 1980 membre de l'opposition au régime. Or voici son père agent de ce même régime honni, après en avoir été la victime. C'est enfin le personnage public qui sort fragilisé de cette confrontation avec le passé. Plusieurs mondes s'écroulent ainsi, mais au milieu des débris, nulle vérité absolue ne se dégage. Le père a trahi – les extraits des rapports reproduits en rouge dans le livre en témoignent –, mais la vérité de cette trahison n'annule pas celle du personnage auquel le romancier rendait hommage dans *Harmonia caelestis*. Le nouveau livre en est le complément douloureux, et non la négation absolue, des phrases reprises du premier ouvrage étant là pour le rappeler. Ainsi ces lignes qui apparaissent à la fin du « Journal » : « Que mon père nous ait trahis ou pas, nous, humains, nous ne pouvons pas lui pardonner, puisqu'il n'a pas reconnu devant nous ses actes, puisqu'il ne s'en est pas excusé, puisqu'il n'a pas regretté que la partie sombre de son âme l'ait vaincu. Nous pouvons donc l'accuser, le haïr ou l'ignorer avec mépris. [...] Par-delà cet éventail des possibles que j'ai moi-même adoptés, je continue à aimer cet homme, dont je suis le fils aîné[17]. »

La vérité et le mensonge perdent leur caractère absolu pour fixer dans la société hongroise postcommuniste le rapport au passé. C'est

17. Péter Esterházy, *op. cit.*, p. 280.

de cette décrédibilisation que rend compte finalement le succès des deux ouvrages d'Esterházy. Et de la façon dont les individus peuvent tenter de se redéfinir dans ce monde du relatif, où l'autorité, en l'occurrence celle du père, cesse d'être une évidence, où le temps se fragmente et où l'histoire, en tant que manifestation d'une direction et d'une signification, paraît être réduite au silence. « Ce silence, écrivait Georges Balandier, abandonne les individus à eux-mêmes, à l'obligation de produire continuellement leurs rapports sociaux et leurs significations, de remédier de façon constante et sans répit à l'inachèvement de toutes leurs œuvres[18]. »

Les hommes politiques se trouvent plus que tous les autres confrontés à cette difficulté. En absence d'utopie crédible pour fournir un horizon d'avenir, le passé devient cet ailleurs à investir pour tenter de donner de l'épaisseur au langage du politique.

Du fils au père ou la projection d'un rêve de grande histoire : le langage du politique dans le mouvement de l'après-1989

2000 ne fut pas uniquement l'année de l'engouement pour *Harmonia caelestis*. Elle fut aussi celle des mises en scène du pouvoir du gouvernement de droite dirigé par Viktor Orbán, engagé dans la célébration des mille ans d'existence étatique hongroise.

Le coup d'envoi de l'« année du millénaire » fut donné par une cérémonie haute en couleur : le transfert de la couronne du Musée national au Parlement, à l'initiative du Premier ministre et de sa majorité. Orbán défendit cette décision très controversée dans le discours prononcé devant le Parlement réuni le 1er janvier en séance solennelle : « Le cours du temps dans lequel nous avons nagé jusqu'à présent atteint aujourd'hui d'étranges rochers. Il s'accélère dans son lit soudain devenu plus étroit. [...] Mais ce n'est pas le temps qui

---

18. Georges Balandier, *Le Dédale. Pour en finir avec le XXᵉ siècle*, Paris, Fayard, 1994, p. 49.

change, c'est le poids de l'instant qui le rend géant. Jusqu'à présent, nous avons eu un passé. Désormais mille ans sont derrière nous. Cette couronne, Mesdames et Messieurs, rend possible l'entrée de la Hongrie en Europe[19]. C'est en soi une raison suffisante pour que nous l'emportions dans le nouveau millénaire. [...] Mais cet attachement a également un autre motif, plus intime. [...] Sans pain, sans toit, l'homme peut encore rester un homme. Sans son passé, sans ses souvenirs, sans ses contes et ses traditions, il cesse certainement de l'être. N'est-il pas vrai, mes chers amis, que celui qui n'a guère d'autres points d'ancrage que le présent, qui n'est pas lié à une famille, à une tradition nationale, à une foi, à l'amitié et à la loyauté, est emporté par tous les vents[20] ? »

Au silence de l'histoire dont témoigne Esterházy, Viktor Orbán veut opposer le rêve d'une grande histoire reconstruite d'une manière linéaire, afin d'apprivoiser l'accélération du temps et de donner une lisibilité à l'avenir. Le jeune Premier ministre rappelle dans son discours les trente-six générations de Magyars qui se sont succédé depuis la fondation de l'État par le roi Étienne, il célèbre la nation, ses traditions et ses valeurs religieuses, ou encore la famille, autant de références activées pour fonder un ordre rénové.

Sa démarche n'est pas nouvelle. Dès 1990, le premier chef de gouvernement de la Hongrie postcommuniste, József Antall (1932-1993), appelait ses compatriotes à renouer le fil interrompu de la continuité historique, à se réapproprier un passé confisqué ou interdit par le régime communiste. Il inscrivait sa propre action d'homme politique de droite dans une temporalité marquée par deux traumatismes : celui de la fin de la Première Guerre mondiale donnant lieu au traité de Trianon (1920), qui fit perdre à la Hongrie

---

19. Le couronnement du roi Étienne autour de l'an mil est associé dans l'imaginaire historique hongrois à l'adoption de la chrétienté occidentale. Ce fut le pape Sylvestre II qui envoya la couronne au roi. Ce geste est dès lors interprété comme marquant l'ancrage de la Hongrie à l'Europe.
20. Discours prononcé par Viktor Orbán lors de la séance extraordinaire du Parlement, le 1er janvier 2000, en ligne sur la page web de V. Orbán, www.orbanviktor.hu.

deux tiers de son territoire et un tiers de sa population et condamna au statut de minorité quelque trois millions de Magyars de souche ; et celui de l'intervention des troupes soviétiques le 4 novembre 1956 pour écraser la révolution hongroise. D'où ses efforts visant à réhabiliter le thème de la nation et la cause des minorités magyares des États voisins. József Antall était historien de profession. Il était également le fils d'un homme politique admiré pour le courage dont il avait fait preuve pendant la Seconde Guerre mondiale. Membre du Parti des petits propriétaires (centre gauche à l'époque), il avait combattu l'alliance de la Hongrie avec l'Allemagne hitlérienne et avait été arrêté en 1944 par la Gestapo. Cet engagement lui avait valu un poste de ministre en 1945-1946, avant la prise complète du pouvoir par les communistes.

L'obsession de l'inscription dans un temps long et continu n'était pas chez le Premier ministre Antall sans lien avec cet héritage. Elle allait de pair avec un certain penchant à se projeter lui-même en père de la nation, au moment où János Kádár perdait ce rôle. Pendant les semaines agitées qui précédèrent les premières élections législatives libres de 1990, Antall se présenta sous l'apparence rassurante de la « force tranquille », nourrie par une histoire, capable de rassembler la société autour d'un nouvel ordre. S'il conduisit son camp à la victoire en 1990 et réussit à constituer autour de lui un parti de droite fort – le Forum démocratique hongrois (MDF) –, il échoua en revanche à susciter une adhésion puissante au sein de la société autour de cet imaginaire de la continuité historique. Plus encore qu'une question de temps – le Premier ministre s'éteignit en 1993, emporté par un cancer –, cet échec mit en lumière une inadéquation : cet homme dont la langue, les gestes, l'allure rappelaient l'entre-deux-guerres finit par incarner le temps d'antan aux yeux d'une partie de la société hongroise confrontée, elle, à un présent difficile, à la dégradation accélérée de ses conditions de vie après l'adoption des premières réformes économiques en 1990. Le temps linéaire de la continuité historique projeté par Antall et le temps emballé qui entraînait dans sa danse folle la société divergeaient profondément.

Si la réhabilitation du passé hongrois avec ses valeurs nationales et chrétiennes rapproche Viktor Orbán de son prédécesseur conservateur, celle-ci n'opère toutefois pas de la même façon. Nous ne sommes plus dans le pur registre de la continuité historique, dans la logique de la réappropriation d'un passé confisqué, mais dans une tentative d'articulation de plusieurs niveaux de temporalité également assumés.

Rappelons qu'en 1990 le futur Premier ministre, chef du groupe parlementaire des jeunes libéraux (FIDESZ), critiquait encore le penchant historisant et la rhétorique conservatrice-chrétienne de József Antall. Il dénonçait en même temps le poids des anciennes élites communistes dans l'économie hongroise. L'enfermement dans l'ordre du passé, qu'il fût communiste ou précommuniste, était ainsi rejeté par le jeune homme politique, qui venait d'étudier, en tant que boursier de la Fondation Georges-Soros, l'histoire de la philosophie politique libérale au Pembroke College d'Oxford.

La même attitude à l'égard du passé s'était dégagée du discours qu'il avait prononcé aux obsèques d'Imre Nagy. Toute revendication de filiation symbolique y était absente. Une forte proximité était en revanche assumée avec les jeunes rebelles anonymes tombés sous les chars soviétiques en 1956. Lesquels rappelaient à leur tour la superbe de la « jeunesse de Pest » mobilisée pour les idéaux de liberté en 1848.

Viktor Orbán et le FIDESZ s'avancent donc comme une force nouvelle, qui s'inscrit sur une base générationnelle – le statut du parti prévoit une limite d'âge pour ses membres, fixée à 35 ans –, une force happée par l'avenir, nourrie par un imaginaire de la rupture. En 1993, le parti réuni en congrès décide néanmoins de supprimer la limite d'âge. Orbán est élu à sa tête.

Le Forum démocratique hongrois est alors en perte de vitesse, de plus en plus rejeté par une société qui, déstabilisée par les réformes économiques, sombre dans la morosité, et se trouve en même temps confrontée à une différenciation sociale croissante. C'est de cette époque que date le basculement de l'image d'Orbán, depuis celle de jeune rebelle à celle de promoteur d'un ordre rénové. C'est là que commence la métamorphose de son parti, appelée à se poursuivre après les échecs enregistrés par le FIDESZ et le MDF aux élections législatives de 1994[21]. Elle se traduit par une redéfinition des temporalités de référence dans le discours des jeunes libéraux convertis au néo-conservatisme, qui investissent de plus en plus souvent le terrain du passé et s'approprient le registre thématique de la droite avec ses références à la nation et à son histoire, à ses traditions chrétiennes, aux minorités magyares qu'il convient de réintégrer à la nation sans toucher aux frontières[22]. Ils reprennent également la dénonciation, qu'ils rendent plus radicale, du communisme, comme parenthèse dans une continuité historique[23]. D'autres sujets accompagnent cette projection dans un temps linéaire, tels que l'opposition entre Budapest, la cosmopolite, et la province authentiquement magyare (opposition cristallisée dans le discours de la droite hongroise à la fin du XIXᵉ siècle) ou la tension entre les nouveaux riches, issus pour certains des rangs de la nomenklatura communiste, pour d'autres du milieu des multinationales, et les classes moyennes hongroises. Orbán et son parti s'avancent en défenseurs de celles-ci, leur projet politique se résumant par la formule « Trois enfants, trois pièces et quatre roues ». La référence à la continuité historique est, de la sorte, associée à l'affirmation d'un ancrage fort dans le présent. Elle fournit une identité, elle apprivoise le mouvement accéléré, elle offre un

---

21. Longtemps crédité de 25 à 30 % des voix, le FIDESZ ne recueille finalement que 7 % des suffrages. Les ex-communistes, évincés du pouvoir en 1990, retrouvent leur leadership avec plus de 30 % des voix.

22. Le 19 juin 2001, à l'initiative du gouvernement de Viktor Orbán, le Parlement hongrois adopte une loi sur les Hongrois des États voisins qui accorde à ces derniers un certain nombre de facilités dans les domaines social, des transports, de l'éducation, de la culture. Elle est présentée par le chef du gouvernement comme marquant le début de la réunification de la nation par-delà les frontières.

23. Orbán inaugure en février 2002 une « Maison de la terreur » qui occupe les locaux de l'ancien siège de la police politique hongroise des années staliniennes. Ce musée, qui est censé rendre hommage aux victimes des terreurs fasciste et communiste, consacre la majorité de ses pièces aux victimes du communisme.

ailleurs à partir duquel la mise en scène sociale du pouvoir devient possible. Orbán et le FIDESZ remportent les élections législatives de 1998.

Aîné d'une famille de la province hongroise, ni victime ni bénéficiaire du communisme, même si le père, ingénieur des mines, avait été promu à la tête de son entreprise dans les années 1980, le jeune Premier ministre incarne un modèle de réussite postcommuniste qui passe par des ajustements progressifs. Son charisme, ses talents de communicateur sensible aux conseils des *spins doctors* et surtout sa capacité à se mouvoir entre des registres de temps différents contribuent à son succès. Viktor Orbán apparaît comme une figure dotée d'une certaine plasticité. Il est ce jeune homme pressé, compétent et volontaire, passionné de football, qu'il pratique lui-même devant les caméras de télévision. Tous éléments qui séduisent une frange des classes moyennes qui cultive le culte du corps et du mouvement. Le Premier ministre se donne également à voir comme père de famille qui n'hésite pas à s'afficher avec ses quatre enfants à l'occasion de différentes cérémonies. Il s'affiche également comme croyant, en tête de maintes processions souvent catholiques – l'Église catholique est davantage associée à la symbolique de l'État hongrois que la confession protestante dont il est lui-même membre –, et comme fils de la nation, fier du passé de celle-ci. Il épouse ainsi, en entrepreneur politique, le mouvement de la « transition », se distinguant de József Antall, homme des valeurs stables qu'il tenta d'imposer à la société.

L'échec d'Orbán aux élections législatives de 2002 éclaire en même temps les limites du personnage. Le Premier ministre suscite des passions fortes au sein de la société hongroise, l'adhésion et le rejet s'y avèrent également puissants, quoique le rejet ait fini par l'emporter. Sa division radicale de la société entre patriotes et traîtres, ces derniers étant identifiés comme les bénéficiaires du kádárisme et exclus du rêve de la grande histoire hongroise, l'entraîne vers la défaite. Il est vaincu par Péter Medgyessy, lui-même personnage hétérogène avec ses origines nobiliaires transylvaines, son passé de technocrate communiste, promu vice-ministre des Finances en 1982 avant d'être nommé à la tête du ministère en 1987, ancien collaborateur des services secrets puis converti avec succès, à partir de 1990, au monde bancaire. Une majorité des Hongrois finissent par se reconnaître dans son langage modéré, fût-il moins brillant que la rhétorique de son charismatique adversaire.

Ce n'est pas uniquement l'instrumentalisation politicienne du passé relu d'une manière linéaire qui est rejetée en fin de compte par la société hongroise. C'est l'idée même du passé dépassé que celle-ci interroge, confrontée au brouillage des registres de temporalité. L'avenir incertain privé d'utopie y jouxte le présent accéléré, vécu dans l'instant, le provisoire, l'instable, dans la différenciation sociale du rapport au temps qui réinterprète des fragments du passé. Ainsi en est-il du socialisme kádárien, perçu comme inachevé par une population dont presque la moitié considère les années 1970 comme la meilleure décennie de l'histoire nationale du XXe siècle[24]. Cette période est ainsi instituée par une partie de la population – en particulier les 46-66 ans – comme une référence de « normalité », rappel d'un temps régi par le prévisible. Elle est opposée au temps révolutionnaire de 1956 (du 23 octobre au 4 novembre), sacralisé en 1989-1990 comme récit légitimant du changement de régime. Or, les perceptions de 1956, très différenciées selon les groupes sociaux et les générations, n'associent pas moins cette temporalité à l'idée de « confusion », cristallisée comme grille de lecture dans les années de la normalisation kádárienne, perpétuée dans le contexte postcommuniste où cet événement fit l'objet d'usages contradictoires et peu lisibles par les acteurs politiques.

Après l'adoption du « nouveau mécanisme économique » en 1968 par le régime Kádár, l'émergence d'une « seconde économie » privée ou semi-privée, développée notamment dans l'agriculture et les services, s'était accompagnée de fortes dynamiques de mobilité

---

24. Voir István Bundula, « Mérlegen az Orbán-kormány első éve. A miniszterelnök » [Le gouvernement sur la balance. Bilan de la première année du gouvernement Orbán. Le Premier ministre], *Világgazdaság*, 9 juillet 1999, www.vilaggazdasag.hu/elozo_het/pentek/torb.html.

sociale ascendante et de changements importants dans les modes de vie. La province et la campagne hongroise qui gardaient encore les apparences des années 1930-1940 furent touchées par ce mouvement de modernisation, qui se traduisit par l'amélioration de l'habitat, l'élargissement notable de l'accès aux biens de consommation, mais aussi par l'extension de la sphère privée, dont un des vecteurs principaux fut la famille.

Ce fragment du passé revisité est progressivement institué à la fin des années 1990 comme une référence permettant aux individus de se penser dans le présent. Deux tiers des Hongrois classaient en 2000 János Kádár aux côtés du roi Mathias et de saint Étienne dans le trio des personnalités historiques hongroises les plus respectées[25], l'ancien dirigeant communiste étant pour presque la moitié des Hongrois la personnalité politique la plus sympathique du XXᵉ siècle. La lecture n'est pas idéologique, elle participe moins d'un désir de retour que d'un mode d'ancrage et d'appropriation du présent.

De la même façon, la revalorisation de la famille promue à partir de 1995 par Viktor Orbán fut bien accueillie par la société hongroise au moment où elle se découvrait fragile. C'était l'époque où les réformes visant à réduire les dépenses sociales de l'État menaçaient la survie des individus les plus faibles, mais aussi des classes moyennes. Ce retour à la famille ne participe dès lors pas de la recherche d'un modèle organique réinstituant une autorité évidente : il atteste une avancée de l'individualisme. C'est l'individu qui se réapproprie la famille comme mode de repli sur le privé et de constitution du soi, alors que la sphère publique ne remplit pas ses attentes.

L'apprivoisement des changements postcommunistes passe ainsi par un va-et-vient entre le passé choisi et le présent, entre l'individualité et l'histoire. L'hétérogénéité du temps et son indétermination décrédibilisent toute lecture linéaire de celui-ci, aussi fort que soit le désir de continuité.

---

25. Sondage Gallup effectué en janvier 2000. Voir « Elsősorban biztonságra vágyunk. Jelentés a közhangulatról » [Nous souhaitons surtout la stabilité. Rapport sur l'ambiance sociale], *Népszabadság*, 27 janvier 2000, www.nepszabadsag.hu.

Chapitre 4
ROUMANIE : IMAGINAIRES DE L'OUVERTURE
ET DE LA FERMETURE
Antonela Capelle-Pogăcean

Plus encore que la plupart des pays qui constituaient autrefois le « bloc de l'Est », la Roumanie a connu avec la chute du communisme le vertige de l'ouverture. Si l'extension du domaine des possibles a été, au moment du changement de régime, un trait largement partagé par les sociétés de la région, elle y a acquis une intensité particulière. Les Roumains avaient vécu la dernière décennie de la période communiste dans l'isolement progressif du monde extérieur. Celui-ci ne fut certes jamais complet, mais devint dans la seconde moitié des années 1980 de plus en plus pesant. Cette fermeture imposée par le régime allait de pair avec une autre, mise en place cette fois-ci par les individus repliés sur une proximité intensément vécue, tissée de liens de parenté, de voisinage ou d'amitié. Le statut de cet univers de la proximité par rapport au politique était ambivalent. Il fonctionnait d'une part comme le lieu à partir duquel s'élaboraient des transactions avec le pouvoir. Celui-ci prolongeait d'ailleurs sa présence jusque dans l'intimité des couples par les mesures coercitives visant à contrôler les naissances notamment. La proximité pouvait d'autre part apparaître comme un espace d'ouverture, libéré, ne fût-ce qu'imparfaitement, des pressions politiques, où s'énonçaient et se partageaient les rêves d'ailleurs. Après l'écroulement du régime Ceausescu le 22 décembre 1989, l'ensemble de ces modes de clôture/ouverture fut questionné. Le pays lui-même ouvrit ses frontières, la coupure entre le dedans et le dehors perdit de sa netteté.

Si la tension entre l'ouverture et la fermeture était appréhendée sur un mode relativement stable avant 1989, en écho aux perceptions de solidité du régime, la période postcommuniste engagea la société dans une gestion plus fluide de cette polarité. Non pas qu'elle eût disparu de l'horizon des individus, mais elle connut des redéfinitions successives, des déplacements des points d'ancrage dans les imaginaires du temps, de l'espace, du politique, du social. Puisque l'imaginaire fonctionne comme « ouverture et ressassement[1] », projection dans l'avenir et « ressassement qui fonde l'énigme des croyances[2] », puisqu'il est à la fois une « manière de se construire et d'échapper à soi[3] », il régit après 1989 le dialogue de l'héritage et de l'innovation. Il intervient ainsi dans la définition du jeu des possibles, dans un contexte qui voit l'écroulement des anciens repères permettant aux individus de se situer dans la société et le monde.

Parmi les nombreuses mises en images auxquelles se prête la tension ouverture/fermeture, deux seront retenues : les imaginaires de l'ici et de l'ailleurs (autour du binôme Occident/Europe) et les imaginaires constitués autour de la polarité ville/campagne. Les deux font l'objet de redéploiements et de réinvestissements symboliques dans la Roumanie postcommuniste. Ils éclairent le processus de différenciation sociale à l'œuvre depuis 1989 et révèlent la multiplicité des trajectoires à travers lesquelles les individus tentent d'embrayer sur le mouvement, de rendre signifiantes les transformations multiformes engagées depuis maintenant plus d'une décennie, de procéder à des ajustements plus ou moins contraints.

Le détour par la métaphore des deux Roumanie qui suppose le divorce entre un pays « moderne », urbain, plus éduqué, ouvert aux vents du large, et un autre, prisonnier d'un conservatisme rural, engoncé dans l'archaïsme, a été souvent emprunté pour décrire les difficultés et les pesanteurs d'une « transition » roumaine heurtée. Sa force heuristique s'avère néanmoins limitée pour approcher un paysage beaucoup plus hétérogène qui voit se multiplier à un rythme accéléré les disparités économiques, sociales, régionales, générationnelles, culturelles.

---

1. Hélène Védrine, *Les Grandes Conceptions de l'imaginaire. De Platon à Sartre et Lacan*, Paris, Le Livre de poche, 1990, p. 157.
2. *Ibid.*
3. *Ibid.*, p. 17.

Quand la « fermeture » roumaine s'opposait à l'Occident
« liberté » : les rêves d'ailleurs dans les années 1980

Dans la seconde moitié des années 1980, le régime communiste roumain semblait ne plus finir de s'enliser dans un temps qui tournait à vide. L'avenir radieux qu'annonçaient les nombreuses cérémonies consacrées au culte de la personnalité du chef de l'État n'enchantait plus une population lasse et épuisée par la pénurie, devenue l'objet d'une gestion policière. Comme un tourne-disque bloqué sur le même morceau de musique, les pionniers[4] reprenaient en chœur le refrain sur l'an 2000, le temps d'une seconde jeunesse où ils accompliraient leurs rêves les plus hardis et ancreraient ainsi la nation communiste en un éternel printemps. C'était pourtant l'hiver qui s'éternisait, avec ses coupures d'électricité et de chauffage, sa neige grise et boueuse, ses queues devant les magasins d'alimentation. Il hantait les esprits et murait l'horizon de l'avenir. Les Roumains se sentaient de plus en plus prisonniers d'un espace-temps sur lequel ils n'avaient plus d'emprise. Les projets démesurés d'urbanisation et de « systématisation » du territoire, au prix d'amples destructions, dont certains quartiers historiques de la capitale furent les premières victimes, ne faisaient que renforcer ces perceptions. En mars 1989, six anciens dignitaires communistes adressaient une lettre au chef de l'État, reprise par la BBC et Radio Free Europe : « Vous avez commencé à changer la géographie de notre pays », disaient-ils en faisant référence à ce programme volontariste de transformation des paysages urbains et ruraux, « mais vous ne pouvez pas déménager celui-ci en Afrique[5] ».

La géographie imaginaire de cette fin de régime communiste faisait de l'Occident un « ailleurs » relevant de plusieurs registres discursifs et renvoyant à des représentations en creux et différenciées de l'« ici ». Chez ceux des critiques du régime qui, inspirés par le modèle

---

4. Les détachements des pionniers constituaient une structure d'embrigadement de la jeunesse (8-14 ans).
5. Cité dans Catherine Durandin, *Histoire des Roumains*, Paris, Fayard, 1995, p. 491.

gorbatchévien, étaient animés par la volonté de réformer le système roumain, l'Occident apparaissait comme un repère de modernisation socio-économique, d'avancement technologique. L'Europe, qui ne se réduisait pas à l'Occident, permettait en même temps la dénonciation d'un communisme aux traits asiatiques dont témoignait le culte de la personnalité déployé autour du chef de l'État.

Les quelques dissidents qui firent entendre leur voix dans les années 1970-1980 s'étaient quant à eux approprié le discours des droits de l'homme tel qu'il s'était cristallisé à travers les accords adoptés à Helsinki par la Conférence pour la sécurité et la coopération en Europe (1975). L'Occident représentait un espace de liberté politique et de normalité, opposé au monde communiste et à son avatar roumain. La même image était diffusée par les radios de l'Ouest, notamment Radio Free Europe, écoutée et commentée dans de nombreux foyers.

Il y avait enfin un volet identitaire dans les imaginaires de cet ailleurs occidental. Comme le suggérait implicitement la lettre des six dignitaires, la Roumanie faisait partie de l'Europe, l'ailleurs n'était pas coupé de l'ici. Cette perception dépassait les cercles intellectuels et technocratiques, elle réactualisait un thème identitaire décliné sous diverses formes depuis le XIXᵉ siècle, qui avait accompagné l'intégration à la nation de générations successives de Roumains.

Ces différentes approches de l'ailleurs occidental se retrouvaient au sein de la société dans des configurations plus floues, mêlant des rêves de liberté et des rêves de consommation. Les premiers se cristallisaient à partir de la posture du prisonnier. Dans les années 1980, la mobilité sociale ascendante assurée par l'État-nation communiste qui avait drainé vers les villes et les emplois industriels une partie de la population agraire[6] apparaissait bloquée. Le contrôle policier de la société se renforçait. Et les Roumains se voyaient enfermés à l'intérieur des frontières. Les voyages en Occident n'étaient permis

---

6. Le taux d'urbanisation est passé de 20 % en 1930 à 54,3 % en 1992, avec des moments de fortes accélérations dans les années 1950 et 1970. Voir *Annuaire démographique de la Roumanie*, Bucarest, 1996.

qu'une fois tous les quatre ans, ceux vers les pays du camp socialiste une fois tous les deux ans. Mais les conditions d'obtention du passeport s'étaient fortement durcies. L'octroi du précieux document, qui devait être rendu à la police dans un délai de vingt-quatre heures après le retour dans le pays, était devenu plus arbitraire. Posséder des relations dans les milieux policiers et de la Securitate, plus largement de la nomenklatura, devenait un atout important. Dans certains cas, il permettait d'exercer des métiers en contact avec l'extérieur, que ce soit dans l'hôtellerie et les magasins réservés aux étrangers, dans l'import-export, dans les transports internationaux, dans certaines branches de l'industrie, notamment l'industrie pétrolière. Lesquelles donnaient un accès à des contrats de travail dans les pays arabes. Pouvoir sortir ou garder des contacts avec l'extérieur par la mobilisation des réseaux internes et/ou des relations de parenté ou des liens amicaux entretenus avec l'étranger devenait un capital convoité. Il alimentait des jalousies et des ressentiments à l'égard des « privilégiés » dont le cercle dépassait l'univers de la nomenklatura.

Compte tenu de l'importance prise dans les départs définitifs de Roumanie par l'émigration « ethnique », celle des juifs, des Allemands et dans une moindre mesure, mais de façon croissante dans la seconde moitié des années 1980, des Magyars[7], et ce dans un

---

7. L'émigration « ethnique » a été encouragée par la politique nationaliste des autorités roumaines. La première vague, qui se met en place dans les années 1950, concerne la population juive. Elle est essentiellement dirigée vers Israël, mais les États-Unis, la France et la Grande-Bretagne reçoivent également des réfugiés juifs. Entre 1956 et 1992, le nombre de juifs vivant en Roumanie passe de 146 264 à 9 107. Les Allemands s'engagent dans ce même mouvement après le rétablissement des relations diplomatiques entre Bucarest et Bonn en 1967 et la négociation, en 1978, d'un accord permettant leur départ vers la RFA en échange du versement par l'État allemand de quelque 10 000 Marks par émigré. De 359 109 Allemands comptés par le recensement de 1977, l'on passe ainsi à 119 436 en 1992. La population magyare connaît également une diminution à partir des années 1970. Le recensement de 1977 dénombre 1 713 928 Magyars, celui de 1992 1 620 199. Voir Violette Rey, Octavian Groza, Ioan Ianos, Maria Patroescu, *Atlas de la Roumanie*, Paris, CNRS-Libergeo-La Documentation française, 2000, p. 23. Les estimations évaluent entre 150 000 et 200 000 le nombre des Magyars ayant quitté la Roumanie entre le début des années 1970 et le début des années 1990, que ce soit par voie légale ou par émigration « sauvage ». Voir Árpád E. Varga, « Az erdélyi magyarság lélekszámáról » [À propos du nombre des Magyars de Transylvanie], in Árpád E. Varga, *Fejezetek a jelenkori Erdély népeseödéstörténetéből* [Éléments de l'histoire démographique contemporaine de la Transylvanie], Budapest, Éditions Püski, 1998, p. 120-166. Pour les citoyens de « souche » roumaine, l'émigration était rarement autorisée dans

contexte d'exacerbation du discours nationaliste des autorités communistes, les ressentiments pouvaient se dire en termes ethnocommunautaires. Si ces « nationalités » qui cohabitaient avec la majorité roumaine pouvaient s'échapper plus facilement vers une « nation-mère » et interpréter symboliquement ce mouvement comme un « retour », même si elles n'avaient jamais vécu sur le territoire désormais visé, les Roumains manquaient quant à eux d'un ailleurs accueillant, qui puisse donner l'assurance d'une proximité. L'aspiration vers l'ouverture accompagnait dans ce cas une fermeture. Ces frustrations étaient d'autant plus fortes que les pays voisins, l'Union soviétique en tête, s'ouvraient à des degrés divers à l'extérieur.

Le rêve de consommation était renforcé par l'extrême dégradation de la situation économique interne. La pénurie liée aux dysfonctionnements de l'économie planifiée fut aggravée suite à la décision prise en 1981 par le régime d'en finir avec la dépendance économique par le remboursement rapide, sur quatre ans, de la dette extérieure, soit 12 milliards de dollars. Cela eut pour conséquence la réorientation vers l'exportation des produits des industries agroalimentaires et textiles et la réduction drastique des importations, notamment des biens de consommation courante[8]. Si le Parti appelait les ouvriers à se remobiliser dans un souci d'augmentation de la productivité, le monde rural fit l'objet d'une attention particulière : la « Nouvelle révolution agraire » lancée en 1981 exigeait des familles paysannes de livrer à l'État des quantités importantes de leurs produits. Les fraudeurs furent chassés sans merci, les animaux non déclarés confisqués, les terres « mal » cultivées nationalisées[9]. Aperçu au début des années 1970 au moment de la libéralisation du régime, l'univers de la consommation associé à l'Ouest avait acquis alors,

---

le cadre du regroupement familial. Elle était en revanche encouragée pour les opposants politiques.

8. Voir Catherine Durandin, *op. cit.*, p. 442-448 ; Antoine Roger, *Fascistes, communistes et paysans. Sociologie des mobilisations identitaires roumaines (1921-1989)*, Bruxelles, Éditions de l'université de Bruxelles, 2002, p. 219-226.

9. Voir David Kideckel, *The Solitude of Collectivism : Romanian Villagers to the Revolution and Beyond*, Ithaca, Cornell University Press, 1993.

pour des catégories larges de la population, un contours plus précis, grâce notamment à la diffusion d'une culture de masse de provenance occidentale (musique, cinéma, télévision). Dix ans plus tard, pourtant, cet univers apparaissait plus éloigné que jamais de l'horizon roumain.

Très peu inscrit dans des pratiques, l'Occident se mua en effet en fantasme. Le marché noir développé dans les grandes villes et les communes situées près des frontières, où, dans des limites spatiales restreintes, la circulation transfrontalière demeurait tolérée[10], ouvrait un accès limité à des biens de consommation qui allaient des jeans et des cassettes vidéo aux produits cosmétiques et aux cigarettes. Certains de ces produits étaient de provenance occidentale, de seconde main le plus souvent, d'autres venaient des entreprises hongroises, yougoslaves, bulgares, turques. Le petit commerce transfrontalier, le « commerce de la valise[11] » dans lequel s'étaient engagés des milliers de Polonais dans la seconde moitié des années 1980 (transitant par la Roumanie pour aller en Turquie), la présence des étudiants des pays arabes ou encore les colis qui parvenaient difficilement de l'Ouest alimentaient ce fantasme et renforçaient les frustrations.

Nonobstant les dangers liés au franchissement illégal de la frontière, ce rêve d'ailleurs poussait à la fin des années 1980 de nombreux Roumains à tenter l'aventure[12]. Les intellectuels ou certains individus au statut privilégié (les sportifs de haut niveau, par exemple) étaient toutefois surreprésentés dans ce groupe[13]. L'humour noir

---

10. Les habitants des communes situées à proximité des frontières possédaient un « petit passeport » qui leur permettait de se rendre dans les communes frontalières des pays voisins.

11. La formule est citée par Mirjana Morokvasic, « La mobilité transnationale comme ressource : le cas des migrants de l'Europe de l'Est », *Cultures et Conflits*, n° 33-34, 1999, p. 105-122.

12. Pour donner un ordre de grandeur de ce mouvement migratoire accéléré à la fin de la période communiste et poursuivi dans les deux, trois premières années de l'après-communisme, rappelons une estimation du Haut Commissariat pour les réfugiés de l'ONU qui évaluait à 350 000 le nombre de citoyens roumains demandeurs d'asile en Occident entre 1988 et 1993. Voir UNHCR, *Background Paper on Romanian Refugees and Asylum Seekers*, Genève, 1994.

13. Voir Swanie Potot, *Circulation et réseaux de migrants roumains : une contribution à l'étude des nouvelles mobilités en Europe*, thèse de doctorat, université de Nice-Sophia Antipolis, 2003, p. 91.

d'une formule qui circulait à l'époque atteste cependant bien cette aspiration : « Le dernier qui s'en va n'oublie pas d'éteindre les lumières. »

L'opposition entre l'espace national fermé et l'ailleurs, associé à l'ouverture et essentiellement identifié à l'Occident libre, démocratique et riche, s'organisait en une polarité stable : les départs étaient généralement « définitifs », les retours non envisageables pour ceux qui choisissaient la « liberté ». Même si les candidats au départ s'installaient dans cet « ailleurs » désiré avec le sentiment, clairement formulé chez les exilés politiques, d'avoir été dépossédés de leur pays[14].

Quand l'ouverture déstabilise...

La chute du régime communiste s'éprouva sur le mode du miracle en cette veille de Noël 1989. Elle fut vécue dans l'ivresse de l'ouverture. Les frontières furent franchies dans les deux sens. Des Occidentaux (journalistes, humanitaires, hommes politiques au début) ou des citoyens des pays voisins, notamment des Hongrois arrivés en Roumanie dans l'enthousiasme des retrouvailles avec les frères magyars, les traversèrent. Une minorité très visible de Roumains exerça son droit désormais garanti de posséder un passeport et, dès le mois de janvier 1990, s'engagea sur les routes européennes. Les motivations de ces déplacements étaient diverses. Pour certains, il s'agissait de retrouver des membres expatriés de la famille ou des amis partis en exil. D'autres tentaient de s'insérer dans les réseaux du « commerce de la valise » déployés vers les pays voisins ou la Turquie. D'aucuns cherchaient à trouver des emplois saisonniers dans cette même aire de proximité géographique. Ces pratiques qui

---

14. Le récit de cette expérience de l'exil est notamment fait par l'écrivain Matei Călinescu, émigré aux États-Unis en 1972. Voir Matei Călinescu, Ion Vianu, *Aminitiri în dialog* [Souvenirs en dialogue], Bucarest, Éditions Litera, 1994, p. 221-230.

existaient à un moindre niveau et comportaient des risques importants avant 1989 bénéficièrent des nouvelles opportunités.

En outre, le mouvement migratoire engagé avant la chute du régime communiste se poursuivit avec une intensité renforcée jusqu'en 1993-1994. Il toucha une population de souche roumaine, jeune, qui se dirigea vers l'Occident – la mobilisation des réseaux néoprotestants facilita dans certains cas cette mobilité[15] –, et davantage encore les Allemands qui continuèrent à quitter massivement la Roumanie pour s'installer en RFA ainsi que les Magyars. Leur départ vers la Hongrie, sans être aussi massif que celui des Allemands, connut toutefois une accélération jusqu'au milieu de la décennie 1990, pour se tasser ensuite[16]. Des raisons politiques, sociales, économiques, identitaires motivaient ces déplacements.

La situation politique interne manquait de clarté en ce début des années 1990. La scène politique émergente était divisée d'une manière radicale : d'une part, le camp des anciens dignitaires communistes de deuxième rang et des technocrates qui s'étaient

---

15. Voir Sebastian Lăzăroiu, « Migraţia circulatorie a forţei de muncă din România. Consecinţe asupra integrării europene » [La migration circulatoire de la force de travail en Roumanie et ses conséquences sur l'intégration européenne], rapport disponible sur le site web www.osf.ro/ro/initiative/harta/08_ro.pdf.

16. Le déclin du nombre des Allemands est éclairé par les résultats des recensements de 1992 et 2002. Le premier dénombrait 119 462 Allemands, le second 60 088. La diminution apparaît également chez les Magyars, qui passent de 1 624 959 en 1992 à 1 434 377 en 2002. L'émigration est le principal facteur d'explication de ce déclin, complété par l'assimilation et la baisse de la croissance démographique. Pour une analyse des évolutions démographiques parmi les Magyars de Roumanie, voir le numéro consacré par la revue *Magyar Kisebbség* [Minorité magyare] à cette problématique. « Népszámlalás Romániában » [Recensement en Roumanie], *Magyar Kisebbség*, vol. VII, n° 4 (26), 2002, www.hhrf.org/magyarkisebbseg/m020401.html. L'émigration est également un des facteurs d'explication du déclin démographique de la population de souche roumaine, passée de 20 408 542 à 19 409 400. Voir *Recensământul general al populaţiei şi al locuinţelor din 2002. Rezultate preliminare* [Recensement général de la population et de l'habitat en 2002. Résultats préliminaires], INS, Bucuresti, www.recensamant.ro. Ces changements démographiques devraient faire l'objet d'une analyse plus fine compte tenu notamment des méthodologies différentes utilisées lors de ces deux recensements. En 2002, quelque 178 500 citoyens roumains résidant depuis plus d'un an à l'étranger sans avoir entamé la procédure d'un départ définitif n'ont pas été comptés dans la population stable. D'autres statistiques évoquent le chiffre de 450 000 jeunes (22-35 ans), toutes nationalités confondues, ayant quitté la Roumanie pour travailler à l'étranger entre 1990 et 1992. Voir Carol Popa, « Tranziţie şi balcanizare » [Transition et balkanisation], « Clasa muncitoare » [La classe ouvrière], *Dilema*, n° 443, 24-30 août 2001, www.algoritma.ro/dilema/fw.htm ?current=NumAnt1.htm.

emparés du pouvoir et qui étaient accusés d'avoir « volé » la révolution ; de l'autre, une opposition qui se définissait comme anticommuniste et réunissait des partis « historiques » (le Parti national libéral, le Parti national paysan, chrétien et démocrate, le Parti social-démocrate roumain) interdits en 1947 et rapidement ressuscités après la chute du régime communiste. Ces partis étaient soutenus par des intellectuels démocrates. Les deux camps mobilisaient la rue pour nier mutuellement leur légitimité. Ce recours à la rue déboucha les 13-15 juin 1990, à Bucarest, sur un déferlement de violence lors de l'incursion dans la capitale des mineurs de la vallée de Jiu, appelés en force d'appoint pour mettre un terme à la contestation du pouvoir par les opposants, dont beaucoup étaient étudiants. Ceux-ci occupaient la place de l'Université et niaient les résultats des premières élections présidentielles et législatives du 20 mai 1990 qui avaient donné une large majorité aux ex-communistes. Les opposants en appelaient à l'Europe-Occident, référence de normalité démocratique et d'appartenance identitaire dont un communisme asiatique aurait éloigné la Roumanie. Telle qu'elle était véhiculée par les milieux de l'opposition, l'image de cet Europe-Occident ressemblait toutefois à une photo jaunie, elle rappelait davantage les années 1930 que les années 1990.

Les élites de l'opposition, très attachées au passé par le mode de recrutement et le discours qui appelait à renouer le fil d'une histoire interrompue après 1945, suscitèrent un fort rejet au sein d'une partie de la population. Dans les grandes villes industrielles, celle-ci se mobilisa autour de slogans qui réitéraient des modes de cloisonnement à l'œuvre durant la période communiste. En témoignent ces slogans : « Nous ne vendons pas notre pays », ou encore : « Nous travaillons et ne réfléchissons pas », expression du rejet d'une opposition perçue comme « intellectuelle » et abstraite.

Était ainsi exprimé un *ethos* ouvrier ressuscité sur un mode réactif, avec une double fonction symbolique. D'une part, il permettait de revaloriser une identité sociale fragilisée alors que l'économie poursuivait sa récession entamée avant 1989[17] et que l'industrie nationale, dont des pans entiers apparaissaient obsolètes, était qualifiée par le Premier ministre de l'époque, Petre Roman, de « tas de ferraille ». D'autre part la réitération de l'*ethos* ouvrier et le discours de fermeture sur un espace national qui ne serait pas à vendre – là encore en référence à un Occident à la fois convoité et rejeté – sont à interpréter à la lumière des inflexions intervenues assez rapidement, au début des années 1990, dans l'imaginaire de l'ailleurs occidental.

L'ailleurs et l'ici avaient semblé, dans les jours de décembre 1989, se rapprocher au point de se toucher. Les télévisions occidentales passaient en boucle les images de la révolution roumaine, la télévision nationale rendait compte de ces manifestations de l'enthousiasme occidental. La coupure fut néanmoins vite réinstituée. Et ce, même si l'Occident-étranger était désormais devenu une portion du territoire et de l'espace de vie des Roumains. Le changement ne fut pas seulement lié à la présence physique des Occidentaux à l'intérieur des frontières roumaines, ni aux récits des voyageurs et des émigrés roumains rentrés de l'Ouest, il s'opéra également dans l'épaisseur de l'espace médiatique.

Les grands et les petits écrans furent remplis d'images occidentales dont la population était friande. Mais cette ouverture signifia aussi pour la société la confrontation à une image d'elle-même peu gratifiante. Si celle-ci n'était pas absente des débats locaux, elle était amplifiée dès lors qu'elle avait pour source le regard de l'autre, dont il était attendu une reconnaissance pour les souffrances endurées sous le communisme. Or, les représentations de la Roumanie véhiculées par les médias occidentaux et diffusées désormais à l'intérieur de l'espace national se cristallisaient autour de quelques thèmes récurrents : les questionnements sur la « vérité » de la révolution de décembre 1989 – en amont, sur les modalités d'accommodement de

---

17. Par rapport à 1991, le PIB de 1992 connaissait une récession de 8,8 %. Voir Édith Lhomel, « Roumanie 1998-1999. Sur le fil du rasoir », *Courrier des Pays de l'Est*, n° 442, août-septembre 1999, p. 103-113 et 118.

la population au pouvoir d'un dirigeant qui rappelait Ubu roi ; en aval, sur les violences qui accompagnèrent les premiers mois du changement de régime. La Roumanie apparaissait en outre comme le pays des enfants abandonnés dans les orphelinats ou celui des paysages urbains misérables, noircis par des industries polluantes. L'ailleurs idéalisé auparavant, convoité encore dans le présent, s'imposait également comme un vecteur de mépris. Il devint dès lors objet d'un rejet, qui suscitait une aspiration à la fermeture.

Les nouveaux émigrés, de même que les catégories de la population repliées sur un espace à protéger de la mainmise du capital occidental, réitéraient ainsi les anciens cadres de l'avant-1989 pour penser l'ouverture et la fermeture. Les premiers, recrutés surtout au sein de la jeunesse et des classes moyennes, percevaient l'espace national comme fermé en termes d'éventail des possibles et de projections d'avenir, territoire de l'« anormalité » comparée à une normalité occidentale jugée en termes politiques mais surtout économiques. Ils s'engageaient désormais à conquérir cet ailleurs, perçu comme séparé de l'ici. Les migrants « ethniques » complétaient cette lecture de la fermeture par des références ethno-nationales, au moment où le nationalisme était revisité par les nouvelles élites politiques en quête de légitimité. Les partisans de la clôture de l'espace national projetaient leurs rêves d'avenir à partir de ce territoire protégé.

Or, l'accélération des transformations économiques et sociales internes, le réancrage de la Roumanie dans l'espace européen et son insertion dans les circuits de l'économie globalisée auront pour conséquence une diversification des trajectoires individuelles qui mettra à mal les cadres traditionnels de l'ouverture et de la fermeture.

Un monde de la fluidité

L'*ethos* ouvrier mobilisé en 1990 pour fonder la demande de fermeture ne résiste pas aux restructurations industrielles différées jusqu'en 1992, réalisées ensuite par à-coups et souvent dans la confusion. Elles touchent à des degrés variables, avec des moments d'accélération en 1993-1994 et 1998-2000, les diverses branches de l'industrie, notamment les industries lourdes et minières. L'homogénéité de la population employée dans les industries, déjà relative à l'époque communiste qui avait ses propres hiérarchies de prestige, se désagrège. La remarque vaut d'ailleurs pour l'ensemble des catégories à travers lesquelles était appréhendée la stratification sociale avant 1989.

Une partie de cette population citadine et industrielle met à profit les offres de retraite anticipée, une autre se retrouve au chômage[18], une autre vivote dans des emplois mal rémunérés, en cumulant plusieurs occupations dans certains cas[19], une autre encore, salariée dans des secteurs revalorisés par des investissements étrangers ou produisant pour l'exportation, apparaît mieux lotie[20].

Cette diversification des statuts et des positions va de pair avec la dévalorisation symbolique de l'identité ouvrière après la chute du régime communiste. C'est la fin de la célébration du héros ouvrier, le présent est progressivement modelé par le style de vie et de consommation à l'occidentale. À des degrés divers, plus influent dans les villes qu'à la campagne, celui-ci détermine l'horizon

---

18. Le taux de chômage officiel varie sur la période 1990-2003 entre 6 % et 10 % de la population active. Voir notamment Édith Lhomel, *art. cit.*, p. 118, et *id.*, « Roumanie 2002-2003. Un parcours encourageant, mais parfois sinueux », *Courrier des Pays de l'Est*, n° 1036-1037, juin-juillet-août 2003, p. 173-189, p. 176.

19. Questionnées à ce sujet en octobre 2002, 13 % des personnes interrogées affirmaient compléter leurs revenus issus de l'emploi principal en travaillant ailleurs. 51 % affirmaient ne pas avoir d'emploi principal. Ces chiffres doivent être traités avec prudence compte tenu des réticences à avouer un travail supplémentaire qui est le plus souvent un travail au noir. Ce marché concernerait, selon différentes estimations, 1,5 million de personnes. Voir Metro Media Transilvania, « Barometrul de opinie publiča. România octombrie 2002 » [Baromètre de l'opinion publique. Roumanie 2002], Fundatia pentru o societate deschisă România, 2002, p. 124, sondage disponible à l'adresse www.osf.ro/ro/bop/cercetare.html.

20. Le salaire moyen s'élève en 2003 à environ 180 €. Dans certaines branches industrielles telles que l'industrie du tabac et l'industrie d'extraction, les revenus sont plus élevés, c'est-à-dire en moyenne 299 € pour la première, 242 € pour la seconde. Ces deux secteurs industriels sont avec les institutions financières et bancaires, les transports aériens, les compagnies d'assurances, les domaines qui assurent des revenus plus confortables à la population. Voir Édith Lhomel, *op. cit.*, p. 179.

d'attente de la population. Il demeure cependant peu accessible à une majorité des Roumains dont le niveau de vie ne représente en 2003, après trois années successives de croissance économique de plus de 3 %, que 26-27 % de la moyenne de l'Union européenne. Ce ne sont pas uniquement les biens de consommation vantés par la publicité, disponibles désormais dans les grandes surfaces, qui demeurent hors d'atteinte pour une partie de la population. Dans les quartiers de « blocs » en béton qui avaient poussé dans les villes à la faveur de l'industrialisation communiste dans les années 1950-1960, nombreux sont les licenciés des entreprises industrielles, les retraités ou les salariés mal rémunérés qui ne réussissent plus, à partir de la seconde moitié des années 1990, à payer leurs factures de chauffage et d'électricité, de plus en plus élevées suite à la libéralisation progressive des prix. En 2003, la pauvreté arrive en tête des préoccupations des Roumains, près d'un tiers d'entre eux la considérant comme leur principal souci.

La ville, traditionnellement associée à l'ouverture dans les différentes idéologies de la modernité, valorisée également par l'idéologie communiste qui avait pour ambition de libérer les Roumains de la condition d'« éternels villageois de l'histoire », peut apparaître dès lors comme un lieu d'enfermement. Les stratégies mises en place pour contourner cet enfermement et y échapper s'avèrent diverses, elles se déclinent en fonction des groupes sociaux, des générations et font intervenir la mobilité.

L'une des voies qu'empruntent les citadins de première génération est le retour à la campagne.

La séparation ville-campagne n'a jamais été complète à l'époque communiste. L'urbanisation était récente et s'est faite de manière accélérée. En outre, la pénurie alimentaire des années 1980 a favorisé la circulation et les échanges illicites entre ces deux espaces. Au début des années 1970, lorsque les grandes villes furent « fermées » aux nouveaux résidants par décision politique, le mouvement vers les centres urbains s'est effectué sur le mode des « navettes » : les bus amenaient au petit matin les ouvriers résidant à la campagne sur leurs lieux de travail, pour les déposer l'après-midi dans les villages. Un deuxième temps de travail commençait alors pour ces derniers, dans les champs et les fermes. Si l'installation ou le travail en ville étaient valorisés comme une forme d'ascension sociale, le village, que de nombreux citadins continuaient pour leur part à fréquenter les week-ends, nourrissait des réseaux de solidarité et autorisait des stratégies de survie.

Le mouvement ville-village s'inverse après la chute du régime communiste. Entre 1992 et 2002, on constate une augmentation de la population rurale qui passe de 45,7 % à 47,3 %[21] de la population totale. Ce retour ne fait pas uniquement écho aux bouleversements subis par le paysage industriel, il s'insère dans un contexte d'opportunités lié, à partir de 1991, aux restitutions des terres nationalisées sous le régime communiste (1948-1962). Dès février 1991, le Parlement adopte la loi foncière qui restitue la propriété dans une limite de 10 hectares par famille. C'est dans ce contexte qu'interviennent les premiers retours vers la campagne. Entre 1990 et 1994 la population active dans l'agriculture progresse de 3,1 millions à 3,6 millions pour atteindre 3,8 millions en 2003. Cette évolution éclaire la réactivation d'un imaginaire de la terre, objet de possession fière, en rupture avec le système de valeurs communiste.

Le retour touche néanmoins une population plutôt âgée : en 2000, 41,2 % de la population agraire a plus de 50 ans, alors que cette classe d'âge représente 28,5 % en milieu urbain[22]. Il permet aux individus, qu'ils soient restés au village durant la période

---

21. En chiffres absolus, la population rurale s'élève à 10 418 216 en 1992 et à 10 261 445 en 2002. Le déclin démographique touche davantage le milieu urbain (– 7,7 %) que le milieu rural (– 1,5 %). Le retour vers les campagnes ainsi que l'émigration, qui concerne davantage les villes que les villages, sont les principaux facteurs d'explication de ce décalage. Voir *Recensământul general al populatiei și al locuintelor din 2002. Rezultate preliminare* [Recensement général de la population et de l'habitat en 2002. Résultats préliminaires], Bucuresti, INS, www.recensamant.ro.
22. Voir Alfred Bulai, Vintilă Mihăilescu, « Țărănimea – actor și problemă. Strategii de dezvoltare locală și strategii de comunicare în perspectiva integrării în Uniunea Europeană » [La paysannerie – acteur et problème. Stratégie de développement local et stratégies de communication dans la perspective de l'intégration dans l'Union européenne], rapport disponible à l'adresse www.osf.ro, consulté le 11 décembre 2003.

communiste ou revenus après 1989, de redéfinir une identité sociale. La justification du droit à la restitution s'inscrit, pour la plupart de ceux qui exigent les terres possédées avant la collectivisation, dans un récit mettant en avant une longue histoire familiale de propriété et de travail de la terre. Elle atteste la réémergence d'une mémoire sociale qui, valorisant la famille, institue une rupture par rapport au discours communiste de la nation homogène[23]. En même temps, la restitution des terrains est source de frustration et de jalousies, aussi bien au sein de la famille, dont les membres doivent se partager des surfaces limitées à 10 hectares, qu'à l'intérieur des communes. Elle opère comme un facteur d'individualisation et de différenciation selon des logiques multiples – notamment communautaires dans les villages ethniquement hétérogènes, ou engageant une relecture du passé communiste – et distingue les individus restés à la campagne de ceux qui l'avaient quittée, ceux qui possédaient des terrains avant la période communiste de ceux qui n'en avaient pas, ceux qui habitaient depuis des générations le même village des nouveaux venus pendant les années communistes, etc.

Le monde rural lui-même s'avère divers. L'héritage des politiques communistes qui avaient favorisé, aux dépens d'autres, les communes dont le potentiel de développement était considéré comme supérieur joue en partie dans cette différenciation, renforcée par les opportunités saisies à différents degrés par les acteurs après 1989[24]. L'extrême fragmentation des terrains agricoles de même que l'absence d'outils permettant de sortir d'une agriculture de subsistance freinent les rêves de mieux vivre des habitants, certains ayant perdu leur emploi industriel. Leur position sociale relativement confortable avant 1989 en raison du cumul d'un travail en ville et du travail de la terre se trouve menacée. L'expérience de la mobilité

---

23. Les dynamiques sociales et culturelles qui se déploient à travers la restitution des terres ont été finement analysées par Katherine Verdery, « The Elasticity of Land : Problems of Property Restitution in Transylvania », *Slavic Review*, vol. 53, n° 4, winter 1994, p. 1071-1109, www.jstor.org/.
24. Voir Alfred Bulai, Vintilă Mihăilescu, *art. cit.*, p. 14.

ville-villages acquise à l'époque communiste peut dans ce contexte faire l'objet d'une conversion pour fonder des stratégies de migration transnationale de travail. Elles fonctionnent sur la circulation entre le local et l'extérieur, débouchent sur des déplacements dans les pays occidentaux selon l'évolution du marché du travail. La séparation entre installation permanente et provisoire à l'étranger s'efface[25].

Ainsi le village n'apparaît-il pas uniquement comme une échappatoire à l'enfermement urbain qui finirait par déboucher sur une nouvelle clôture. Dans les campagnes plus riches, situées surtout dans le nord-ouest et le nord-est de la Roumanie, il est également le lieu à partir duquel s'élaborent des stratégies de mobilité, se cristallisent des « pratiques » de l'Occident, se définit un territoire circulatoire déterminé par de multiples allers-retours. Un territoire qui garde ainsi pour centre le village de départ, la circulation ayant pour but l'amélioration des conditions de vie au niveau local, servant en conséquence l'intégration dans le local[26]. L'effet de mimétisme et la mise en place de réseaux communautaires rendent à cette échelle la mobilité transnationale plus visible. Les paysages ruraux en sont transformés, même si la misère demeure profonde dans nombre d'autres campagnes.

L'acculturation à des modes de consommation à l'occidentale, dont témoigne notamment le nouvel habitat, touche également l'ordre social, elle accélère l'individualisation et le repli sur la famille mononucléaire aux dépens du foyer paysan traditionnel qui regroupe plusieurs générations. Elle relativise le lien traditionnel à la terre, perçue comme apportant finalement peu de bénéfices. Cette

---

25. Sur la mobilité transnationale comme façon de partir pour mieux rester, voir Mirjana Morokvasic, *art. cit.*, p. 105-122.
26. Voir Dana Diminescu, « L'installation dans la mobilité : les savoir-faire migratoires des Roumains », *Migrations et société*, vol. XIII, n° 74, mars-avril 2001, p. 107-116 ; István Horváth, « A romániai magyar kisebbség Magyarországra irányuló mozgása » [Le mouvement de la minorité magyare vers la Hongrie], *Korunk*, février 2003 ; Bénédicte Michalon, « Circuler entre la Roumanie et l'Allemagne. Les Saxons de Transylvanie, de l'émigration ethnique au va-et-vient », *Balkanologie*, vol. VII, n° 1, juin 2003, p. 19-42 ; Swanie Potot, *op. cit.*

insertion dans la mobilité transnationale transforme les perceptions de la frontière. L'important n'est pas tant la séparation entre l'ici et l'ailleurs que la circulation entre les deux et la capacité de mettre à profit l'écart qui les sépare en termes de développement, comme le soulignent la plupart des études consacrées aux migrations circulatoires.

L'insertion dans la mobilité modifie à la fois le rapport à l'espace et au temps. Les quelques mois passés à l'étranger et la répétition des allers-retours permettent une réalisation plus rapide des projets individuels, essentiellement la construction de maisons et l'équipement en biens de consommation. Elle est à l'origine d'une différenciation sociale du rapport au temps entre ceux qui sont dans la mobilité et qui vivent des périodes d'accélération du temps ainsi que leur famille, et ceux qui restent à l'extérieur de celle-ci, qui manquent d'horizons, et peuvent retrouver un temps scandé par les saisons et les travaux agricoles.

L'ancrage dans le marché international du travail ne concerne pas seulement certaines campagnes : il touche également les villes et, au sein de celles-ci, une population relativement jeune (25-44 ans), masculine, issue des anciennes classes moyennes fragilisées par les modifications intervenues après 1989. 1,6 million de Roumains auraient quitté le pays pour l'Occident entre 1990 et 2001, où 1,1 million seraient restés[27]. Par-delà ses dimensions réelles[28], l'impact de ce mouvement est plus important en termes de redéfinition des hiérarchies sociales et de reconfiguration des liens, y compris de proximité.

---

27. Voir Carol Popa, « Tranziție și balcanizare » [Transition et balkanisation], *art. cit.* Dans les sondages d'opinion, l'importance de cette population insérée dans le champ international du travail apparaît sous-estimée, notamment parce que ceux qui se trouvent à l'étranger ne sont pas questionnés. Même dans ces conditions, en 2003 4 % des Roumains interrogés déclaraient avoir travaillé à l'étranger, 9 % affirmaient avoir des membres de sa famille qui y travaillaient. Voir Centrul de Sociologie urbană și regională, « Barometrul de opinie publicà. România octombrie 2003 » [Baromètre de l'opinion publique. Roumanie octobre 2003], Bucarest, Fundatia pentru o societate deschisă România, p. 30, enquête disponible sur www.osf.ro/ro/bop/cercetare.html.
28. En 2001, le Premier ministre Adrian Năstase évaluait à 1 milliard de dollars la somme d'argent entrée dans la pays grâce à cette insertion dans le marché international du travail.

Les promesses du paradis occidental comme mode d'accomplissement personnel qui incitaient au départ au début des années 1990 se sont toutefois avérées de plus en plus difficiles à réaliser. Les pays occidentaux ont progressivement érigé des barrières pour limiter le mouvement des migrants roumains. Le statut de réfugié politique fut refusé à ces derniers à partir de 1990 et la Roumanie fut maintenue jusqu'en 2002 sur la « liste noire » des pays dont les citoyens avaient besoin d'un visa pour se déplacer à l'Ouest, alors qu'elle avait déposé sa candidature à l'Union européenne dès 1995 et entamé les négociations d'adhésion en 2000.

Cette fermeture de l'Occident est intervenue sur fond d'émergence du débat sécuritaire associant migration et criminalité et opérant une relecture des rapports Ouest-Est non plus par le prisme idéologique mais par celui de la menace migratoire[29]. Dans ce contexte, la logique de la mobilité l'emporta, pour les Roumains, sur celle de l'installation, devenant une alternative à l'émigration, un mode d'ajustement au blocage de certaines opportunités, une relecture du jeu des possibles.

Par-delà la diversité et la complexité des trajectoires personnelles, les pratiques différenciées de l'Occident attestent un processus d'individualisation qui passe notamment par une reconfiguration du rapport à la nation et de la relation de celle-ci à l'Occident. Cette reconfiguration s'opère à travers de nombreuses interactions entre le migrant et le cadre occidental, entre ceux qui sont partis et ceux qui sont restés en attente de départ[30], entre ceux qui circulent et ceux qui ne participent pas à ce mouvement. Le contact avec les réalités occidentales introduit une fluidité dans l'imaginaire de l'ici et de l'ailleurs, un dépassement d'une approche en termes de l'Ouest comme terre promise.

---

29. Le même pilier du traité de Maastricht réunit la politique d'asile et d'immigration, le contrôle des frontières en matière de prévention et de lutte antiterroriste ainsi que de lutte contre le trafic de drogue. Voir Mirjana Morokvasic, « Migrations en Europe : l'impact de l'élargissement à l'est de l'Union », *Revue internationale et stratégique*, n° 50, été 2003, p. 85-93.

30. Voir sur cette problématique le dossier dirigé par Jean-Louis Briquet et Éliane de Latour, « Partir », *Critique internationale*, n° 19, avril 2003.

L'Occident n'est plus uniquement synonyme d'ouverture, mais peut également s'identifier, au moins partiellement, à la fermeture, aussi bien chez les partants que chez ceux qui attendent de partir ou n'ont pas de projet de partir. Le lieu d'origine n'est quant à lui plus seulement un espace d'anormalité mais aussi une référence réappropriée après un détour réel ou imaginaire par l'Ouest. Ceux qui y sont installés, sans peut-être constituer des diasporas, gardent néanmoins le contact avec leur lieu d'origine par des voies aussi diverses que les pratiques culturelles et religieuses[31], mais aussi à travers les moyens offerts par les technologies modernes, notamment l'Internet[32]. Quant à ceux qui sont dans la mobilité, ils instituent le lieu de départ comme centre du territoire circulatoire dans lequel projeter leurs rêves d'avenir. On pourrait citer à ce propos la formule de Mirjana Morokvasic : « Le paradis n'est plus au-delà des frontières mais est recherché en deçà, pourvu que l'on sache rentabiliser sa disponibilité à la mobilité[33]. »

Ce qui n'exclut pas, paradoxalement, une dépréciation de l'ouverture vers l'extérieur dont témoigne ce fragment d'entretien avec un migrant roumain issu d'un village et ayant travaillé en Italie : « Nous devons montrer, en tant que citoyens roumains, que demain ou après-demain nous pourrons réaliser quelque chose. Nous sommes libres de circuler, à l'instar d'autres personnes d'Occident

---

31. L'augmentation du nombre des paroisses orthodoxes en Italie et en Espagne, deux pays qui ont remplacé l'Allemagne et la France comme destinations privilégiées pour les migrants roumains depuis quelques années, est l'un des éléments qui témoignent de cette réappropriation du lieu d'origine à partir de l'« ailleurs ». Entre 1998 et 2001, elles ont progressé de 8 à 18 en Italie et de 1 à 3 en Espagne. Elles restent beaucoup plus nombreuses en Allemagne (21 en 1998 et 30 en 2001), qui a drainé des flux importants de migrants depuis la Roumanie dans la décennie 1990. Sur la même période 1998-2001, on est passé en France de 4 à 7 paroisses orthodoxes. Voir Sebastian Lăzăroiu, *art. cit.*, p. 34.

32. Voir notamment Mihaela Nedelcu, « Les technologies d'information et de communication : support de l'émergence d'une diaspora roumaine ? », *Balkanologie*, vol. VII, n° 1, juin 2003, p. 43-64.

33. Mirjana Morokvasic, « La mobilité transnationale comme ressource : le cas des migrants de l'Europe de l'Est », *art. cit.*, p. 105-122.

qui viennent chez nous, créent des firmes mais apportent également des drogues, des maladies et d'autres bêtises[34]. »

Dans un contexte social où les acquis apparaissent précaires, le sentiment d'inachèvement crée des besoins de clôtures protectrices en réponse à l'inattendu, à l'inédit et à ses risques. La fluidité demeure présente, comme du reste l'absence de trajet linéaire pour se projeter dans l'avenir.

La société roumaine apparaît, par-delà ses difficultés spécifiques, comme une société de bifurcation, où le futur s'énonce comme autant d'alternatives à des crises. Pour reprendre une formule de Georges Balandier : « Ni une seule ligne déterminant le sens du parcours historique, ni un seul choix décisif durant les temps de crise. La sélection des possibles s'effectue successivement et sans répit – en montrant que le social est soumis à la nécessité de se produire continuellement. Une image exprime ce mouvement, celle du trajet qui se déroule de croisement en croisement tout en visant un terme lointain, encore imprécis et qu'il n'est pas entièrement sûr de pouvoir atteindre. Derrière cette figure, une autre se cache : le dédale et, avec lui, la séquence des décisions auxquelles il contraint afin d'éviter les pièges et de parvenir au but[35]. »

---

34. Cité dans Sebastian Lăzăroiu, *art. cit.*, p. 58.
35. Georges Balandier, *Le Dédale. Pour en finir avec le XXᵉ siècle*, Paris, Fayard, 1994, p. 54.

Chapitre 5

BULGARIE : LES COULEURS DE LA DIFFÉRENCE

Nadège Ragaru

En l'espace de quelques années, Sofia s'est parée de couleurs. Même les Mercedes dernier cri que l'on avait vues investir les rues de la capitale bulgare en 1994-1995 n'arborent plus toutes un même brillant uniformément noir. Certes, les BMW étalent encore leurs brunes vitres teintées, mais le temps est venu des 4 X 4 métallisées et colorées, vertes même. Les taxis ont été badigeonnés de jaune après qu'une directive municipale leur eut enjoint de mettre un peu d'ordre dans leur apparence et leur système de tarification. La police exhibe fièrement ses voitures blanches, rutilantes et modernes, aux inscriptions en fine écriture bleue. Il n'est pas jusqu'aux tramways qui n'aient revêtu, publicité oblige, les couleurs de Gap, de Coca-Cola ou d'autres firmes occidentales trop heureuses de troquer quelques pots de peinture contre cette visibilité mouvante. Par-delà le parc automobile, c'est l'ensemble des teintes, formes et odeurs des villes qui a connu une puissante diversification au cours de la décennie passée, et l'on pourrait décliner à l'infini les variations de lumières et de matières rencontrées dans le bâtiment, la décoration d'intérieur ou le vêtement.

En Bulgarie comme dans d'autres pays postcommunistes, les changements de l'après-1989 consistent également en cela – le passage d'une société en gris et noir, depuis les uniformes d'écoliers jusqu'aux ternes répétitions des façades socialistes, à une société saturée de couleurs, éclatantes, discordantes aussi. Comment vit-on un spectre visuel, tactile et olfactif pareillement étendu ? Et qu'est-ce que ces mises en apparence peuvent nous apprendre des recompositions sociales consécutives aux réformes démocratiques et de marché ? Car si les couleurs et les espaces ont changé, leurs contenus descriptif et normatif aussi ont été redéfinis. Tout comme l'uniformisation communiste avait vocation à revendiquer une homogénéité de vécus au sein de sociétés ayant officiellement aboli les inégalités capitalistes, la diversité présente comporte une part d'affichage. Elle exprime une différenciation sociale inédite – une différenciation appelée, désormais, à être énoncée dans les termes très monétisés de l'acquisition matérielle.

Introduire la question des transformations du postcommunisme en des termes colorés pourrait sembler d'une bien grande légèreté. Mais la démarche est moins futile qu'il n'y paraît, car il convient d'y voir une invitation à interroger autrement les mutations contemporaines à l'Est. Une invitation à attirer l'attention sur le regard et les sens pour cerner au plus près les modes de transcription quotidiens des changements. « L'imagination est un bruiteur, elle doit amplifier ou assourdir. » Paraphrasant les propos remarquablement fluides de Gaston Bachelard[1], on pourrait à l'identique considérer que c'est dans sa capacité à procéder par gonflements et miniaturisations que la notion d'imaginaires sociaux peut être féconde. Elle nous invite en effet à tourner et retourner les objets composant le monde social afin de donner à voir des configurations de sens changeantes.

Aborder l'après-1989 à travers le prisme des imaginaires sociaux nous offre aussi l'opportunité de relativiser la frontière conventionnelle entre perceptions et faits. Une première génération de recherches sur la fin des communismes s'était attachée à décrire les décisions des élites politiques, envisagées comme porteuses des métamorphoses. Plus empreinte de pessimisme, une seconde vague d'analyses a cru pouvoir lire dans des sociétés appréhendées en des termes globalisants une réticence aux changements mêlée de nostalgie. Par-delà l'étirement des réalités sociales entre une fine pointe élitaire, incisive, supposée en pleine maîtrise du changement, et un

---

1. Gaston Bachelard, *L'Eau et les rêves. Essai sur l'imagination de la matière*, Paris, Le Livre de poche, 1994, p. 218.

peuple voué à l'anomie, les lectures des métamorphoses de l'après-1989 ont peut-être péché par une concentration trop exclusive sur les cadres légaux des institutions émergentes, sans suffisamment creuser les soubassements métaphoriques et symboliques des transformations en cours et les appropriations dont elles faisaient l'objet. Lorsque les imaginaires sociaux étaient réincorporés dans l'analyse, c'était le plus souvent au détour de considérations attristées sur leur inertie supposée.

Dans le présent chapitre, le but est dès lors de saisir les transformations politiques, économiques et sociales du postcommunisme à partir des contours que les acteurs locaux leur donnent. Mais avec un objectif bien particulier, celui de décrire la manière dont les citoyens ordinaires pensent et marquent leur place dans une société confrontée à une accentuation des disparités régionales, sociales et générationnelles. Non que les distinctions sociales aient été absentes pendant la période communiste. Mais les modes d'énonciation légitimes de la différence étaient extraordinairement circonscrits et la divergence des trajectoires moins visible. Examiner certains des lieux et moments où l'on est amené à dire les disparités dans la Bulgarie actuelle nous aidera aussi à mieux comprendre les réponses aux transformations présentes. En la matière, l'hypothèse que l'on tentera de défendre est que la stigmatisation des « injustices » sociales ne s'explique pas seulement par l'élargissement de l'éventail des revenus, mais aussi par trois mutations qui leur sont corrélées : la métamorphose des formes de capitaux (sociaux, culturels, économiques, etc.) au fondement de la réussite sociale, l'apparition de nouveaux modes d'énonciation et de consommation de la prospérité et, enfin, une remise en question des régulations sociales héritées de la période communiste qui touche à la fabrique même de la société bulgare.

Les visages changeants de Sofia : diversité de lieu, de temps et d'action

Tout se passe comme si l'on pouvait retrouver, dans la topographie de la capitale bulgare, dans les visages qu'elle a tour à tour exhibés, la multiplicité des temporalités du postcommunisme. Chaque période a eu sa tonalité dominante, qui venait se superposer aux autres sans les effacer. Il y a d'abord eu la Sofia des banques, dont les bâtiments monumentaux surprenaient par leurs façades tantôt blanches, tantôt couvertes de larges vitres bleues. Nous étions dans les années 1993-1994, celles des premiers capitaux privatisés et des prêts interentreprises pudiquement connus sous le nom de « mauvaises dettes » *(bad debts)*, que la Banque centrale refinançait en dernier ressort. Puis ce furent les bureaux de change qui se mirent à proliférer, spéculant sur une crise imminente. D'anciennes entrées rouillées cédaient la place à des locaux proprets, aux portes tramées de barres métalliques et aux gardes du corps musclés. On était à l'automne 1996. La Bulgarie lentement s'enlisait dans la récession et l'inflation. La privatisation de masse tardait à être lancée ; en lieu et place d'une cession des actifs publics, le pays avait connu le développement parasitaire de firmes privées qui proposaient des matières premières surfacturées aux établissements publics et achetaient leur production à bas prix, quand elles ne s'installaient pas directement dans leurs locaux. Les firmes de sécurité privée prospéraient elles aussi, en ces temps d'insécurité des transactions et de racket. Leurs nouveaux patrons portaient joggings, chaussures de tennis et ventres ronds. Pendant ce temps, le gouvernement néocommuniste du jeune Žan Videnov (janvier 1995-décembre 1996) échouait à arbitrer entre les intérêts des « entrepreneurs rouges » et ceux d'un électorat appauvri par le passage au marché. En pleine neige d'hiver, on voyait les porteurs de valise sillonner les rues au petit matin et les bureaux de change paraissaient chaque jour plus nombreux, plus gourmands, alors que la valse des étiquettes semblait ne jamais devoir être interrompue. Elle le fut pourtant.

En février 1997, un cabinet intérimaire placé sous la responsabilité de Stefan Sofianski négocia avec le FMI l'introduction d'un directoire monétaire, effectif à partir du 1er juillet 1997. Le lev fut rattaché au deutsch Mark, les prix stabilisés, le secteur bancaire assaini et la privatisation accélérée. C'est ainsi que les rues de Sofia se vidèrent peu à peu de leurs bureaux de change et de quelques établissements bancaires peu scrupuleux. Seules demeurèrent les enseignes réputées, tandis que le maire entreprenait de rénover les principales artères du centre-ville et que, dans les quartiers recherchés, à Lozenec ou à Dragalevci, des villas néoclassiques émergeaient derrière leurs hautes et larges enceintes de protection. Car, avec la stabilisation macro-économique et le transfert de la propriété vers le secteur privé, devait venir le temps béni de la prospérité entrepreneuriale et de la consommation ostentatoire. Une partie des « nouveaux riches » *(novobogataši)* avaient désormais soif de respectabilité et de richesse à l'« occidentale ». Les costumes bleu marine, bien coupés, et les attachés-cases allaient bientôt le disputer aux tenues de sport trop voyantes. Chez les partisans des premiers comme des seconds, l'acquisition de téléphones portables se généralisait, bientôt suivie, au prix de sacrifices budgétaires significatifs, dans les milieux sociaux moins favorisés.

On vit alors les magasins sortir miraculeusement de terre, au sens propre comme au figuré. Au début des années 1990, dans la capitale, c'était souvent dans les caves ou les sous-sols qu'avaient été aménagées les nouvelles échoppes privées, boulangeries, épiceries et débits de boissons. Il fallait se pencher, voire s'agenouiller, devant un soupirail ouvert pour demander cigarettes, vodka ou gâteaux apéritifs à des vendeurs tapis à deux mètres sous terre. La création d'un marché de l'immobilier allait bouleverser cette configuration, imposant une progressive stratification des commerces en fonction de leur champ d'activité et de leur clientèle. Au creux des rues ne demeuraient que les magasins d'appoint (cigarettes, alcool). Les boutiques de marques (chaussures, prêt-à-porter, maroquinerie et autres bijoux) se hissaient, elles, à hauteur d'homme ou rejoignaient les centres commerciaux rénovés, appliquant une définition de l'espace – avec parquet flottant, murs blancs et objets savamment disposés – semblable à celle observée en Europe de l'Ouest. Les produits locaux, *a fortiori* dans les quartiers périphériques, se voyaient quant à eux réserver surfaces modestes et vitrines surchargées.

Car les transformations n'ont pas seulement touché les modes de consommation ou la gestion des espaces commerciaux ; elles ont radicalement réordonné la circulation dans la ville et ses quartiers. Au cours des trois dernières années, les redéploiements géographiques ont été particulièrement remarquables. Sofia avait été construite, socialisme oblige, selon un principe concentrique, chaque génération de constructions collectives venant former autour de la précédente une ceinture toujours plus éloignée du cœur de la ville. Avec la chute du communisme, un double mouvement est intervenu. Une frange des Sofiotes a vu sa mobilité accrue grâce à l'acquisition de voitures plus rapides et de villas flambant neuves à Bankja, au flanc de la montagne Vitoša qui borde la capitale. Pour d'autres groupes sociaux, en revanche, c'est à une contraction de l'espace que l'on a assisté. Après 1989 et surtout depuis 1997, les prix des transports publics ont sensiblement augmenté, tandis que la fréquence des rotations diminuait ; une partie des citoyens ordinaires a également dû remiser au garage les voitures acquises dans les années 1970-1980, un peu parce que la hausse des prix de l'essence en rendait l'usage trop onéreux, souvent aussi parce que les véhicules vieillis auraient nécessité un entretien coûteux.

Insensiblement, d'autres évolutions ont favorisé un cloisonnement entre, d'une part, la vieille ville et les zones résidentielles et, d'autre part, une périphérie reconnaissable à ses blocs socialistes. Le différentiel croissant des prix entre les cafés rutilants du centre et les petits bars à l'atmosphère conviviale des quartiers plus marginaux figure parmi celles-ci. Alors que le centre se parait progressivement d'hôtels prestigieux, de restaurants à la cuisine internationale, de cafés-pâtisseries à l'autrichienne et de discothèques à la mode, sa mixité sociale s'est réduite. En bref, si le passage au postcommunisme s'est traduit par un élargissement du champ des visibles et des possibles, l'exploitation de ces opportunités tend à être de plus en plus conditionnée par les ressources, notamment monétaires, dont disposent les divers acteurs sociaux. Peut-on étendre les quelques remarques sur la nouvelle diversité de temps, d'action et de lieu visible à Sofia à l'ensemble du pays ? Et comment mesurer, à l'échelle de la Bulgarie, la stratification sociale émergente et les dynamiques de mobilité ?

L'émergence d'une stratification sociale inédite : les vertiges de la mobilité

Rares sont les recherches sociologiques donnant la mesure des effets du passage à l'économie de marché sur la stratification sociale en Bulgarie[2] et plus rares encore les micro-études de terrain qui permettraient d'apprécier la manière dont cette nouvelle différenciation sociale est vécue dans les divers milieux. Tout au plus peut-on identifier quelques phases dans l'émergence des disparités récentes et chercher à en repérer les traces. En 1993, une étude comparative sur les nouvelles inégalités sociales menée dans six États postcommunistes suggérait qu'en Bulgarie 17,2 % seulement de la population avait changé de statut social entre 1988 et 1993, soit sensiblement moins qu'au moment de l'avènement du communisme, entre 1948

---

2. En 1993, deux études quantitatives ont été conduites en Bulgarie sous la responsabilité de D. Treiman et I. Szelenyi, d'une part, et de P. Mohler, T. Kolosi et J. Kelley, d'autre part. Voir G. Eyal, I. Szelenyi et E. Townsley, *Making Capitalism without Capitalists. The New Ruling Elites in Eastern Europe*, Londres & New York, Verso, 1998. Pour les développements ultérieurs, se reporter à N. Tilkidžiev *et al.*, *Stratification sociale et inégalité* [en bulgare], Sofia, m-8-m, 1998 ; Andrej Rajcev *et al.*, *La Stratification sociale en Bulgarie* [en bulgare], Sofia, Fondation Friedrich Ebert & Lik, 2000 ; Nikolaj Tilkidīev, *Classe moyenne et stratification sociale* [en bulgare], Sofia, Lik, 2002.

et 1952 (21,1 %)[3]. Dans le contexte bulgare, cependant, la période 1988-1993 n'est sans doute pas la meilleure pour apprécier l'ampleur des transformations sociales consécutives au changement d'ordre économique et politique. Car, en 1993, les réformes sont à peine esquissées : il faut attendre 1999 pour que la restitution des terres à leurs anciens propriétaires, lancée en 1991, touche à son terme. Quant à la grande privatisation, elle ne débute qu'en 1997 et se poursuit jusqu'en 2002.

L'accélération des transformations intervient à partir de 1997 ; ses incidences sociales sont attestées par plusieurs indicateurs, dont l'évolution du taux de chômage. Après la récession des années 1990-1993, qui avait porté le pourcentage des inactifs à 15,8 % dès 1992, le taux de chômage était retombé à 11,1 % en 1995. À partir de cette date et à la faveur de la mise en liquidation des anciens conglomérats socialistes, il suit une pente ascendante jusqu'en 2001 (17,9 %), pour se stabiliser aux alentours de 16,9 % en mai 2003[4]. Un tel chiffre ne rend toutefois pas pleinement compte de la part de la population affectée par des phénomènes de sous-emploi. Depuis le début des transformations économiques, le taux d'activité a en effet significativement décru : sur une base 100 en 1990, il avait été ramené à 68 en 2001[5]. La structure du chômage aussi est préoccupante, puisque la part des chômeurs de longue durée y représente environ les deux tiers. Plus fondamentalement, à la faveur du passage à une économie de marché, ce sont les formes mêmes de l'emploi qui ont connu d'importantes recompositions, avec le développement du travail précaire, mal rémunéré et souvent non déclaré. Le contenu des diverses professions, les rapports au sein de l'entreprise et la capacité de négociation collective des salariés ont changé.

---

3. Voir G. Mink, « La société postcommuniste : éléments d'approche », in Édith Lhomel (dir.), *L'Europe centrale et orientale. Dix ans de transformations (1989-1999)*, Paris, La Documentation française, 2000, p. 26.
4. Chiffres de la BERD, *Transition Report*, 2003.
5. Voir *Revue Élargissement, Spécial social*, bimensuel du réseau Élargissement de la MINEFRI-DREE, 28, décembre 2002, p. 1.

Second indicateur des transformations sociales de l'après-1989, l'émergence de poches de pauvreté durable est apparue comme un défi politique et social majeur dès 1995-1996. Sont particulièrement touchés les sans-emploi, les retraités, les minorités, les employés peu qualifiés et les personnes résidant en zone rurale. La Banque mondiale estime à 31,9 % la part des Bulgares « pauvres », c'est-à-dire vivant avec moins de 4,30 dollars par jour[6]. Depuis 1997, le retour à la stabilité macro-économique a autorisé un modeste rattrapage des revenus ; mais le recul de la pauvreté n'a pas également touché l'ensemble de la population. Surtout, en 2001, les niveaux de consommation restaient de 16 % inférieurs à ceux de 1995[7]. Par-delà le développement du chômage et l'apparition de « nouveaux pauvres », l'un des aspects les plus marquants des mutations sociales des années 1990 réside dans la différenciation géographique des trajectoires. En termes de marché du travail, de salaire, mais aussi d'accès à une variété de services (éducation, transport, santé), les différences se sont accrues entre quelques grandes villes (Sofia, Plovdiv, Ruse, Varna) et une province paupérisée. En parallèle sont apparus des contrastes nouveaux à l'intérieur des régions, selon la nature du tissu industriel hérité du socialisme, la conjoncture économique locale et les politiques des pouvoirs locaux.

Quelle carte des inégalités ces observations sur l'émergence des couples actifs/chômeurs, riches/pauvres, ruraux/citadins suggèrent-elles ? Au sein de la société bulgare, le sentiment prédominant est celui d'une dégradation généralisée des conditions de vie à laquelle n'échappe qu'une très étroite minorité. En avril 2002, 45,9 % des Bulgares estimaient que la dernière décennie du communisme était la période où leur niveau de vie avait été le plus élevé, l'après-1989 n'étant cité que par 24,5 % des interviewés. Surtout, plus des trois quarts des Bulgares (78 %) considéraient que leur « statut social »

---

6. Voir World Bank, *Bulgaria Poverty Assessment*, Washington, World Bank, 29 octobre 2002, p. X.
7. *Ibid.*, p. 7.

(socialnija statut) avait chuté depuis 1989. Cependant, pour la politologue Boriana Dimitrova, ces perceptions ne traduisent pas la réalité sociale : « Une partie significative des gens qui ont, au regard de critères strictement objectifs, connu une mobilité sociale ascendante au cours des années passées se perçoivent également comme figurant parmi les "perdants"[8]. » Comment expliquer ce paradoxe ?

Disqualifier d'entrée les perceptions d'acteurs sociaux supposés incapables d'évaluer avec justesse la qualité de leur vie ne semble pas une option à retenir, *a fortiori* lorsque l'on travaille sur des notions comme le « statut » ou la « réussite » dont les contenus sont historiquement construits et changeants. L'une des difficultés auxquelles se heurtent les recherches sociologiques quantitatives sur la mobilité sociale en Europe postcommuniste tient précisément au choix des indicateurs utilisés pour « mesurer » le statut et la mobilité sociale. Dans la plupart des cas, les sociologues se fondent sur une étude des revenus et des dépenses des ménages, plus rarement sur la mobilité professionnelle. Pour affiner les critères, il conviendrait sans doute de déterminer ce qui constitue, aux yeux des interviewés, une « vie bonne » et quel contenu ils donnent aux notions de « prestige » et de « statut ». Un détour par les imaginaires sociaux apparaît dans ces conditions d'autant plus stimulant que le paradoxe du « pessimisme social généralisé » est souvent expliqué par référence à la persistance de représentations sociales négatives de la réussite. Peut-on réellement voir dans le ressentiment face aux nouvelles inégalités un héritage de la période communiste ? L'hypothèse mérite d'être creusée, notamment à travers un retour sur les disparités jugées signifiantes et sur les sens dont elles sont investies.

---

8. B. Dimitrova, « L'état de la société. Principales conclusions », *État de la société* [en bulgare], Sofia, Open Society, 2002, p. 26.

Penser sa place dans la société : ressources, réseaux, réussite sociale

Interrogés sur la question de savoir quels groupes sociaux ont, à leurs yeux, tiré le plus grand profit des transformations postcommunistes, la plupart des Bulgares fournissent une réponse tranchée, plaçant au premier rang les hommes politiques (55,3 %) et « les mafieux, les voleurs » (36,8 %), loin devant les hommes d'affaires et les commerçants (18,3 %). Par contraste, sont identifiés comme figurant parmi les principaux perdants des changements « les gens ordinaires, le peuple » (36,8 %), les ouvriers (21,3 %) et les retraités[9]. Implicitement, c'est la dichotomie de l'ère communiste entre « eux » et « nous » qui semble devoir être reformulée, l'opposition se structurant cette fois-ci entre une minorité de sans-scrupules et une société d'honnêtes gens. La tentation est grande, dans ces conditions, d'imputer l'énonciation de l'enrichissement dans le registre de l'illicite aux représentations sociales héritées de la période communiste, voire précommuniste. L'importance accordée, en entretien, à une éthique du travail mettant en exergue vertus laborieuses et production se prête à une interprétation identique[10]. Appelées à définir les conditions dans lesquelles elles estimeraient légitime l'accès de certains de leurs anciens collègues et connaissances à la prospérité, nombreuses sont les personnes qui opposent « juste rétribution du travail » et « spéculation », reprenant une formulation qui n'est pas sans rappeler le discours communiste sur le parasitisme. En contrepoint, seule une minorité d'interlocuteurs, souvent jeunes, accepte de reprendre à son compte la notion de « succès » pour parler de la trajectoire suivie depuis 1989, imputant à l'inertie des « attitudes » communistes la stigmatisation de leur réussite. Même chez ces

---

9. Voir *État de la société, op. cit.*, p. 24-25.
10. Une trentaine d'entretiens semi-directifs ont été réalisés dans la région de Plovdiv entre 1999 et 2003 sur les conditions de la réussite sociale et les perceptions des nouvelles inégalités. Ces entretiens s'inscrivent dans le cadre d'une recherche plus large sur le politique au quotidien en Bulgarie postcommuniste.

représentants d'une génération se voulant « moderne », la ligne de défense adoptée face aux « jalousies » accorde au travail une place de tout premier plan.

Attribuer la stigmatisation des fortunes nouvelles à la seule reproduction mécanique de représentations égalitaristes apparaît cependant réducteur : comment expliquer leur résilience dans un contexte où les bouleversements politiques, économiques et sociaux ont pour le reste entraîné une profonde recomposition des imaginaires sociaux ? Plutôt que d'en « essentialiser » la permanence, il conviendrait sans doute de chercher à comprendre pourquoi ce sont ces registres de perception qui sont utilisés pour interpréter les dynamiques sociales contemporaines. Pour ce faire, l'une des pistes à explorer consiste à analyser l'évolution des activités et ressources permettant de prétendre à une trajectoire sociale ascendante. En entretien, les ressentiments envers les « gagnants » des réformes se nourrissent de l'idée selon laquelle le passage à une économie de marché aurait induit une disqualification du mérite au profit des seuls réseaux politiques, et c'est précisément cette dévaluation de la compétence qui rendrait les réussites d'aujourd'hui « injustes ». Qu'en est-il en fait ?

Pour reprendre la formulation proposée par Gil Eyal, l'après-1989 peut être décrit comme une période au cours de laquelle les formes de capital au fondement de la réussite sociale ont été profondément remaniées[11]. L'interprétation du changement d'efficience et de valeur des ressources sociales, culturelles et économiques dans l'accès à la réussite reste néanmoins sujet à débat. À partir d'une étude de la Hongrie, de la Pologne et de la Tchécoslovaquie, les auteurs suggèrent que le capital social « institutionnalisé sous la forme de capital politique » pendant la période communiste a vu sa contribution à la formation des élites postcommunistes limitée au profit du capital culturel (les diplômes du supérieur) et, de façon plus marginale, du capital économique (la propriété privée). L'étude

---

11. Voir G. Eyal, I. Szelenyi et E. Townsley, *op. cit.*, p. 17-45.

du cas bulgare suggère une lecture quelque peu différente. D'abord, toutes les formes de capital culturel ne sont pas équivalentes : certaines formations se sont révélées porteuses au moment de la conversion au marché, d'autres non. Les milieux universitaires et enseignants, la recherche, la culture et les arts, soit tout un ensemble de professions dont le financement dépendait autrefois du budget de l'État, ont vu leur prestige social et leurs revenus diverger. De la même façon, une partie des titulaires de formations techniques et économiques, dont l'expertise ne pouvait être aisément transposée dans une économie de marché, a fait l'expérience du chômage. Surtout, on ne saurait sous-estimer le rôle joué, en Bulgarie, par les réseaux sociaux de l'ancien parti communiste et des services de renseignement dans la production des nouvelles élites, économiques et politiques.

Pour en rendre compte, il convient sans doute d'avoir en vue la voie particulière de la Bulgarie vers le capitalisme. Entre 1990 et 1996, en effet, l'accumulation primitive du capital par les premiers « capitalistes sans capitalisme » (pour reprendre l'expression du sociologue bulgare Petar-Emil Mitev) a suivi trois routes privilégiées : la première consistait à obtenir des prêts bancaires jamais remboursés avec la complicité de managers des banques et, souvent, d'anciens agents du renseignement. Une deuxième source d'enrichissement était liée à l'établissement de corporations commerciales aux activités allant de l'import-export de denrées stratégiques au vol de voitures et à l'offre de services de sécurité privée. Enfin, troisième canal de promotion accélérée, les actifs publics ont fréquemment été détournés à des fins d'enrichissement privé.

Les recherches, tant quantitatives que qualitatives, sur la circulation/reproduction des élites bulgares à l'heure du postcommunisme restent trop rares pour que l'on puisse proposer une vision globale, détaillée et rigoureuse de ces processus. Tout au plus s'agit-il, sous réserve d'inventaire, de nuancer le rôle des titres universitaires en rappelant la variété des itinéraires de réussite sociale observés. En attendant, les quelques données sociologiques disponibles suggèrent, toutes, le poids de la nomenklatura dans les élites économiques de la première moitié des années 1990. Ainsi, 77 % des responsables d'entreprise interviewés par Dobrinka Kostova en 1990 et en 1994 étaient issus de l'ancien parti communiste. Parmi eux, 64,7 % y avaient occupé des postes de responsabilité à l'époque soviétique[12].

La transformation des conditions de la réussite sociale ne constitue toutefois pas le seul facteur expliquant la stigmatisation, dans de larges secteurs de la société, de la stratification sociale émergente. Car ce sont plus largement les échelles de valeur (avec l'émergence de nouveaux registres d'évaluation des positions dans la société) et les fondements du lien social (le déclassement social se traduisant, dans ses versions extrêmes, par une rupture des liens avec l'environnement amical et professionnel) qui ont été redéfinis. Source d'inégalités nouvelles, la transition a aussi bouleversé les modes d'énonciation de la réussite et les mécanismes de régulation des disparités socio-économiques.

À l'aune de quoi mesure-t-on sa place dans la société bulgare aujourd'hui ? Sans conteste, la grille de déchiffrage des données sociales contemporaines fait intervenir plus que la dimension économique et sociale. Elle met en jeu une transformation des perceptions du temps. Au cours des changements postcommunistes, les flux événementiels se sont principalement accélérés à deux moments, entre 1989 et 1991 (après le départ du dictateur Todor Živkov en novembre 1989), puis de nouveau en 1996-1997 (approfondissement de la crise économique et mouvements de rue de janvier). Depuis le retour à la stabilité macro-économique, la vie a repris un cours moins saccadé. Mais, en contrepartie, le champ des possibles s'est contracté : les premières années des transformations avaient été vécues comme des moments d'extrême fluidité au cours

---

12. Voir D. Kostova, « The Economic Leaders in Post-Totalitarian Society : The Case of Bulgaria », *in* G. Lengyel (dir.), *The Transformation of East-European Economic Elites*, Budapest, Center for Public Affairs Studies, 1996, p. 68.

desquels chacun pouvait espérer voir son niveau de vie changer significativement en l'espace de quelques mois. L'introduction d'une politique d'austérité économique et l'achèvement du transfert de la propriété publique vers le privé ont en quelque sorte gelé les équilibres. Cette rigidification progressive alimente les frustrations de ceux qui n'ont pu connaître de mobilité sociale ascensionnelle.

Paradoxalement, peut-être, la stabilisation des positions au sein de la société n'a pas eu pour contrepartie une réduction de l'incertitude. Celle-ci s'est simplement déplacée des sphères politiques et économiques globales vers la cellule familiale ou l'environnement immédiat. Au passage, les vécus du temps se sont différenciés selon les groupes sociaux. Tout se passe en effet comme si, désormais, les nouvelles inégalités étaient aussi des inégalités dans la capacité à gérer les changements de rythme (le versement plus ou moins régulier des salaires, pensions ou aides sociales) ou le durcissement des contraintes temporelles (la régularité pesante des factures d'électricité et de chauffage ou des impôts). Plus la précarité sociale est grande et plus court est l'espace-temps dans lequel on parvient à se déplacer et à se projeter.

Appelé à se situer dans un temps fragmenté, c'est aussi par rapport aux autres que le citoyen ordinaire évalue sa place dans la nouvelle architecture sociale. L'altérité peut prendre d'abord le visage un peu abstrait d'une normalité occidentale à laquelle on aspire sans vraiment en connaître les formes. Après 1989, l'ouverture sans précédent sur le monde extérieur s'est matérialisée par un croisement entre des flux de marchandises (principalement de l'Ouest vers l'ancien Est), de personnes (principalement en sens inverse) et d'idées. Ce faisant, l'Occident a été projeté au centre des jugements sur la « vie bonne ». Le sentiment de désarroi social sort renforcé de cette comparaison avec des niveaux de vie expérimentés le plus souvent à distance ou par écran télévisuel interposé. Un autre point de repère est fourni par ceux qui furent, à l'époque communiste, collègues, amis, voisins ou proches. Avant 1989, les différences sociales existaient bel et bien, mais elles étaient en quelque sorte euphémisées. D'une part, la stratification sociale n'était pas principalement fondée sur l'argent ; d'autre part, les « privilèges » de la nomenklatura ne pouvaient être « consommés ». L'égalitarisme officiel l'interdisait ; la pénurie des biens de consommation ordinaires rendait l'accumulation matérielle improbable.

Par contraste, dans la nouvelle économie capitaliste, l'acquisition constitue un moyen privilégié pour signifier ou revendiquer une appartenance sociale, et l'ostentation des « nouveaux riches » a révélé au grand jour la béance des fractures sociales. L'aspiration à dire la réussite matériellement se reflète aussi dans la structure des dépenses des ménages moins favorisés. La prime va aux achats qui permettent de tenir un certain « rang » en public. Pour reprendre les termes de l'anthropologue Ilia Iliev, « lorsqu'ils doivent choisir la partie de leur consommation à restreindre, [les gens] choisissent les biens et les pratiques qui doivent être consommés en solitaire ou dans la famille : les livres ont été abandonnés avant le verre d'alcool bu entre amis, les réparations domestiques avant le café de tous les jours avec les collègues [13] ».

Ce qui est en jeu dans cette énonciation du statut social n'est rien de moins que la capacité à entretenir les réseaux sociaux de la période communiste. Car échouer à soutenir le niveau de dépenses des anciens égaux, c'est prendre le risque de perdre des contacts et, avec eux, une ressource privilégiée face aux défis du quotidien. Par-delà la question du patrimoine ou des revenus, on comprend mieux combien les inégalités émergentes sont en train de toucher à la fabrique même de la société bulgare. Reste à voir de quelle manière le nouvel argent sépare.

Le passage à une économie de marché où l'argent fait figure d'étalon de valeur a en effet distendu le tissu social de deux façons au moins. Il a tout d'abord reconfiguré le rôle des relations d'entraide au principe de la gestion de l'incertitude économique et politique

---

13. I. Iliev, « Price and Prejudice. Cases of clothing and identity in contemporary Bulgaria », 2001, p. 7 ; sur Internet : www.cas.bg/ip/doc5.doc.

pendant la période communiste. La libération des prix et l'introduction de la loi de l'offre et de la demande ont rendu superfétatoire une partie des anciens échanges de faveurs. La gamme des services payants s'est élargie et, si les solidarités interpersonnelles non monétisées n'ont pas entièrement disparu, elles ont été reléguées dans un angle plus étroit, celui de la gestion de l'adversité économique par les milieux sociaux les plus vulnérables. Ailleurs, l'argent dispense d'entretenir des relations de réciprocité jugées parfois pesantes. Surtout, entre ceux que la fortune a séparés, les liens s'étiolent. L'ancien ami qui a réussi s'installe dans des quartiers plus prospères ; il ne fréquente plus les mêmes cafés, les mêmes restaurants, n'a plus les mêmes aspirations. La perte d'un emploi ou le passage à la retraite constituent de la même façon des moments où les relations se dénouent, venant ajouter au sentiment de paupérisation une impression de marginalisation. Les relations avec l'environnement proche – les voisins, la famille – sont les dernières à être touchées par les effets du déclassement social. Cependant, le manque d'argent dans sa version la plus extrême – ne plus pouvoir offrir un café aux membres de son réseau – peut entraîner isolement et exclusion.

En parallèle, ce sont les anciens mécanismes de redistribution sociale qui ont disparu, mettant en cause la légitimité des fortunes nouvelles. Tout en palliant les rigidités du dirigisme économique, les échanges de faveurs assuraient une forme indirecte de redistribution sociale particulièrement bienvenue en période de développement industriel et d'urbanisation accélérés. Dorénavant, non seulement la réussite sociale s'affiche, mais elle est devenue largement solitaire. Car la pyramide sociale se dresse au moment même où tout un ensemble de facteurs de court, moyen et long termes œuvre dans le sens d'une individualisation accrue des rapports sociaux. Et la nouvelle rhétorique de l'initiative privée et du mérite vient cautionner les réticences nouvelles à dispenser trop largement les bienfaits au sein de la famille élargie. Les usages de la prospérité occupent d'ailleurs une place centrale dans la détermination du caractère, légitime ou non, de la réussite. Savoir ne pas oublier ses anciens amis, accorder à chacun l'attention qu'il mérite font toujours partie des règles à respecter par ceux qui aspirent à se voir reconnaître un statut social élevé. La dénonciation des « parvenus » d'aujourd'hui, par contraste avec les anciens « notables » *(zamožni xora)* de l'avant-communisme, repose souvent sur ce qui est perçu comme une négligence des contreparties, symboliques ou matérielles, à la bonne fortune.

Certains hommes d'affaires sembleraient en avoir pris conscience qui, à l'image des dirigeants de Multigroup, ont fait savoir qu'ils avaient mis en place un système de bourses pour les jeunes d'avenir. Alors que l'essentiel de la société bulgare continue à voir son niveau de vie décliner et sa capacité à entretenir des réseaux sociaux s'amoindrir, il n'est dès lors pas à exclure qu'émergent de nouveaux mécanismes de gestion des inégalités, mêlant redistribution privée, à la marge, et effort de réduction de la visibilité des différences sociales (par cloisonnement de l'habitat ou consommation moins ostentatoire).

ÉLÉMENTS BIBLIOGRAPHIQUES

Les imaginaires

BACZKO (Bronislaw), *Les Imaginaires sociaux. Mémoires et espoirs collectifs*, Paris, Payot, 1984.

CASTORIADIS (Cornelius), *L'Institution imaginaire de la société*, Paris, Le Seuil, 1975.

JODELET (Denise), *Les Représentations sociales*, Paris, PUF, 1989.

MOLINER (Pascal), *Images et représentations sociales. De la théorie des représentations à l'étude des images sociales*, Grenoble, Presses universitaires de Grenoble, 1996.

VEDRINE (Hélène), *Les Grandes Conceptions de l'imaginaire. De Platon à Sartre et Lacan*, Paris, Le Livre de poche, 1990.

Les changements postcommunistes

BERDAHL (Daphne), *Where the World Ended. Reunification and Indentity in the German Borderland*, Berkeley, University of California Press, 1999.

BUNCE (Valerie), *Subversive Institutions. The Design and the Destruction of Socialism and the State*, Cambridge, Cambridge University Press, 1999.

BURAWOY (Michael) et VERDERY (Katherine) [dir.], *Ethnographies of Change in the Postsocialist World*, Lanham, Rowman & Littlefield Publihsers, 1999.

COLAS (Dominique) [dir.], *L'Europe postcommuniste*, Paris, PUF, 2002.

KOTT (Sandrine), *Le Communisme au quotidien. Les entreprises d'État dans les sociétés est-allemandes*, Paris, Belin, 2001.

MICHEL (Patrick) et FRYBES (Martin), *Après le communisme : mythes et légendes de la Pologne contemporaine*, Paris, Bayard, 1996.

MICHEL (Patrick) [dir.], *L'Armée et la nation : place, rôle et image de l'institution militaire dans les sociétés de l'Europe médiane*, Paris, L'Harmattan, 2001.

MICHEL (Patrick) [dir.], *L'Europe médiane : au seuil de l'Europe*, Paris, L'Harmattan, 1997.

PENNETIER (Claude), PUDAL (Bernard) [dir.], *Autobiographies, autocritiques, aveux dans le monde communiste*, Paris, Belin, 2002.

STARK (David) et BRUSZT (Laszlo), *Postsocialist Pathways : Transforming Politics and Property in East Central Europe*, Cambridge, Cambridge University Press, 1998.

BIOGRAPHIE DES AUTEURS

Antonela Capelle-Pogăcean est chercheur au Centre d'études et de recherches internationales (CERI-FNSP) et docteur en sciences politiques de l'IEP de Paris où elle enseigne. Elle travaille sur les questions d'identité, les nationalismes, les minorités, la religion et le politique en Hongrie et en Roumanie.

Antoine Marès est enseignant d'histoire aux Langues'O. Spécialiste de l'Europe centrale du XIXe et surtout du XXe siècle, il est actuellement président de l'Institut d'études slaves.

Patrick Michel, sociologue et politologue, est directeur de recherche au CNRS (CERI-FNSP). Il enseigne à l'IEP de Paris.

Nadège Ragaru est chercheur à l'Institut de relations internationales et stratégiques (IRIS), responsable de l'Europe centrale et orientale. Enseignante en études est-européennes à l'IEP de Lille, elle est par ailleurs rédacteur en chef de la *Revue internationale et stratégique* et membre du comité de rédaction de la revue *Balkanologie*.

TABLE DES MATIÈRES

Avant-propos. D'un imaginaire l'autre
Patrick Michel.. 4

Chapitre 1. Pologne : mélancolique « normalité »
Patrick Michel.. 38

Chapitre 2. République tchèque et Slovaquie :
l'histoire, produit de consommation
Antoine Marès 53

Chapitre 3. Hongrie des pères, Hongrie des fils
Antonela Capelle-Pogăcean.. 81

Chapitre 4. Roumanie : imaginaires de l'ouverture et de la fermeture
Antonela Capelle-Pogăcean.. 97

Chapitre 5. Bulgarie : les couleurs de la différence
Nadège Ragaru... 118

Éléments Bibliographiques 136

Biographie des auteurs... 139

Achevé d'imprimer en mars 2004 sur les presses de l'imprimerie Corlet
à Condé-sur-Noireau (Calvados), France, pour le compte des Éditions Autrement,
77, rue du Faubourg-Saint-Antoine, 75011 Paris.
Tél. : 01 44 73 80 00. Fax : 01 44 73 00 12. N° d'imprimeur : 76555.
ISBN : 2-7467-0502-8. Dépôt légal : avril 2004.